Leo Trotzki

1917

Die Lehren des Oktobers

Impressum
Herausgegeben von der Sozialistische Alternative – SAV im August 2013
V.i.S.d.P., Satz und Umschlaggestaltung: Holger Dröge
Druck: CreateSpace

Sozialistische Alternative – SAV, Littenstraße 106/107, 10179 Berlin
Telefon: (030) 24 72 38 02, Email: info@sav-online.de

Es ist notwendig, den Oktoberumsturz zu studieren

Obschon wir in der Oktoberrevolution Glück hatten, hatte diese in unserer Presse kein Glück. Wir besitzen bis jetzt kein einziges Werk, das ein Gesamtbild des Oktoberumsturzes geben und seine wichtigsten politischen und organisatorischen Momente herausheben würde. Nicht nur das, sogar die Dokumente, welche die einzelnen Stadien der Vorbereitung des Umsturzes und des eigentlichen Umsturzes unmittelbar charakterisieren – und dabei die wichtigsten Dokumente – sind bisher noch nicht veröffentlicht worden. Wir geben viele historisch-revolutionäre und parteigeschichtliche Dokumente und Materialien, die sich auf den Zeitabschnitt vor dem Oktoberumsturz beziehen, heraus, wir veröffentlichen nicht wenig Material über den Zeitabschnitt, der dem Oktoberumsturz folgte, aber dem eigentlichen Oktober erweisen wir eine viel geringere Aufmerksamkeit. Nach vollbrachtem Umsturz schien es uns, als ob wir mit der Möglichkeit einer Wiederholung nicht zu rechnen hätten. Es war, als ob wir vom Studium des Oktoberumsturzes, der Bedingungen seiner unmittelbaren Vorbereitung, Ausführung und der ersten Wochen seiner Befestigung keinen unmittelbaren Nutzen für die dringenden Aufgaben des Aufbaues erwarten würden.

Und doch stellt diese Beurteilung, wenn sie auch halb unbewußt ist, einen großen Fehler dar und ist außerdem nationalbeschränkt. Wenn wir auch nicht in die Lage kommen werden, die Oktoberrevolution zu wiederholen, so bedeutet das noch nicht, daß wir an diesem Beispiel nichts lernen können. Wir sind ein Teil der Internationale, aber das Proletariat aller anderen Länder steht erst vor der Lösung seiner „Oktober"-Aufgaben. Auch haben wir im letzten Jahre genügend überzeugende Beispiele gehabt, daß unsere Oktober-Erfahrung noch nicht einmal den reifsten kommunistischen

Parteien im Westen in Fleisch und Blut übergegangen und daß ihnen nicht einmal die einfachsten Tatsachen bekannt sind.

Wohl kann darauf hingewiesen werden, daß es unmöglich sei, den Oktober zu studieren oder auch nur das Dokumentenmaterial herauszugeben, ohne alte Meinungsverschiedenheiten aufzuwühlen. Aber eine solche Einstellung zu dieser Frage wäre schon zu kleinlich. Es versteht sich, daß die Meinungsverschiedenheiten im Jahre 1917 sehr tiefer Natur und durchaus keine zufälligen waren. Aber es wäre sehr kleinlich, wollte man jetzt, nachdem einige Jahre verstrichen sind, aus ihnen Waffen schmieden gegen diejenigen, die sich damals geirrt haben. Noch weniger zulässig wäre es aber, würde man wegen dieser untergeordneten Erwägungen persönlichen Charakters die wichtigsten Probleme des Oktoberumsturzes von internationaler Bedeutung verschweigen.

Wir haben im vorigen Jahre (1923) zwei niederschmetternde Niederlagen erlitten; zuerst hatte die Partei aus doktrinär-fatalistischen Erwägungen heraus einen selten günstigen Moment für eine revolutionäre Aktion verpaßt (Aufstand der Bauern nach dem Juniumsturz Zankows) und dann, um diesen Fehler wieder gutzumachen, sich in den Septemberaufstand hineingestürzt, ohne dafür die politischen und organisatorischen Voraussetzungen zu schaffen. Die bulgarische Revolution sollte der Auftakt zu der deutschen sein. Zum Unglück ist dem schlechten Auftakt in Bulgarien eine noch schlimmere Entwicklung in Deutschland gefolgt. Wir haben dort in der zweiten Hälfte des vorigen Jahres ein klassisches Beispiel vor Augen gehabt, wie man eine ganz außergewöhnliche revolutionäre Situation von welthistorischer Bedeutung verpassen kann. Und wiederum: weder das bulgarische noch das deutsche Experiment des vorigen Jahres hat bis heute eine eingehende und konkrete Beurteilung gefunden. Der Verfasser hat ein allgemeines Schema der Entwicklung der vorjährigen Vorgänge in Deutschland aufgestellt [1]. Alles, was seither vorgegangen ist, hat die Richtigkeit dieses Schemas vollständig bestätigt; eine andere Erklärung ist von keiner Seite versucht worden. Aber ein Schema genügt uns nicht: wir brauchen eine Darstellung, die tatsächliches Material enthält, ein genaues Bild der vorjährigen Ereignisse in Deutschland, das uns die wahrheitsgetreue Ursache der katastrophalen Niederlage zeigt. Es ist schwierig, die Ereignisse in Bulgarien und Deutschland zu analysieren, ohne zuvor eine politische und taktische Darstellung der Oktoberrevolution gebracht zu haben. Wir sind uns selbst nicht einmal klar darüber, was wir verrichteten und wie wir es verrichteten. Nach dem Oktoberumsturz nahmen wir an, daß die nächsten Ereignisse in Europa sich von selbst entfesseln würden und zwar in so kurzer Zeit, daß es zu einer theoretischen Erfassung der Oktoberlehren gar nicht kommen würde. Aber es erwies sich, daß durch das Nichtvorhandensein einer Partei, die in der Lage gewesen wäre, einen proletarischen Aufstand zu leiten, dieser selbst unmöglich wurde. Durch einen elementaren Aufstand kann das Proletariat die Macht nicht erobern; selbst in dem hochkulturellen und industriellen Deutschland hat der elementare Aufstand vom November 1918 nur zur Folge gehabt, daß die Macht in die Hände der Bourgeoisie gelangte. Eine besitzende Klasse ist imstande, die Macht, die einer anderen besitzenden Klasse entrissen wurde, zu erobern, indem sie sich auf ihren Reichtum, ihre „Kultur", ihre unzähligen Verbindungen mit dem alten Staatsapparat stützt. Dem Proletariat jedoch kann seine Partei durch nichts ersetzt werden.

Um die Mitte des Jahres 1921 beginnt eigentlich erst die Periode des wirklich organischen Aufbaues der kommunistischen Parteien („Kampf um die Masse", „Einheitsfront"). Die „Oktoberaufgaben" werden zurückgestellt und gleichzeitig auch das Studium des Oktoberumsturzes. Das vorige Jahr jedoch hat uns den Aufgaben des proletarischen Aufstandes wieder gegenübergestellt und es ist an der Zeit, alle

Dokumente zu veröffentlichen, das Material herauszugeben und an das Studium dieser Dinge heranzutreten.

Selbstverständlich wissen wir, daß jede Klasse, ja sogar jede Partei hauptsächlich an ihren eigenen Erfahrungen lernt; das bedeutet aber gar nicht, daß die Erfahrungen anderer Länder, anderer Klassen und anderer Parteien eine nebensächliche Bedeutung haben. Ohne Studium der großen französischen Revolution, der Revolution von 1848, der Pariser Kommune hätten wir nie den Oktoberumsturz ausführen können, obwohl wir unsere eigene Erfahrung von 1905 besaßen: wurde doch selbst dieses unser „nationales" Experiment gemacht, indem wir uns auf die Ergebnisse der früheren Revolutionen stützten und ihre historische Linie weiterführten. Die Periode der Konterrevolution war für uns eine Zeit, in der wir die Ergebnisse und Lehren des Jahres 1905 prüften. Dagegen haben wir für die Erforschung der siegreichen Revolution von 1917 nicht einmal den zehnten Teil einer solchen Arbeit aufgewandt. Gewiß: wir leben nicht in der Zeit der Reaktion und der Emigration. Dafür aber stehen die Mittel und Kräfte, die uns jetzt zur Verfügung stehen, in keinem Verhältnis zu denen, über die wir in jener schweren Zeit verfügten. Es handelt sich nur darum, das Problem des Studiums der Oktoberrevolution innerhalb der Partei und innerhalb der ganzen Internationale klar und deutlich aufzustellen. Es ist wünschenswert, daß die gesamte Partei und besonders die junge Generation Schritt für Schritt den Oktoberumsturz erfaßt; die Erfahrungen dieser Revolution stellen die tiefste und unbestrittenste Prüfung der Vergangenheit dar und öffnen weite Perspektiven für die Zukunft. Die Lehren der Ereignisse in Deutschland im vorigen Jahre sind für uns nicht nur eine ernste Mahnung, sondern auch eine eindringliche Warnung.

Gewiß kann gesagt werden, daß auch ein Vertrautsein mit dem Gang der Oktoberrevolution noch keine Garantie für den Sieg unserer deutschen Bruderpartei geboten hätte. Aber was nützt jetzt ein derartiges nebensächliches Räsonieren, das im Grunde philiströs ist und uns keinen Schritt weiter bringt. Das Studium des Oktobers allein führt natürlich nicht zum Siege in den anderen Ländern, aber es kann Situationen geben, wo alle Voraussetzungen für eine Revolution offensichtlich vorliegen und nur eine weitsichtige und entschlossene Führung fehlt. Diese erwächst aus einem Verstehen der Gesetze und Methoden der Revolution. Gerade so lag die Situation im vorigen Jahre in Deutschland, und das Gleiche kann sich auch in anderen Ländern wiederholen. Zum Studium der Gesetze und Methoden der proletarischen Revolution gibt es bis heute keine wichtigere und tiefere Quelle als unser Oktober-Experiment. Die Führer der anderen kommunistischen europäischen Parteien, die nicht kritisch und eingehend die Geschichte des Oktoberumsturzes studiert haben, gleichen Heerführern, die sich unter den jetzigen Verhältnissen zu einem neuen Kriege vorbereiten, ohne sich mit den Erfahrungen auf strategischem, taktischem und technischem Gebiete des letzten imperialistischen Krieges vertraut gemacht zu haben. Solche Feldherrn würden ihre Truppen unbedingt in eine Niederlage führen.

Das Hauptmittel des proletarischen Umsturzes ist die Partei. Schon auf Grund unserer einjährigen Erfahrung (vom Februar 1917 bis zum Februar 1918) und ergänzt durch die Ereignisse in Finnland, Ungarn, Italien, Bulgarien und Deutschland kann man es als ein fast allgültiges Gesetz ansehen, daß beim Übergang von der revolutionären Vorbereitungsarbeit zum unmittelbaren Kampf um die Machtergreifung eine Parteikrisis ausbricht. Die Krisen innerhalb der Partei treten im allgemeinen bei jedem ernsten Wendepunkt der Entwicklung der Partei als Vorbote oder Folgeerscheinung derselben auf. Das erklärt sich daraus, daß jede Entwicklungsperiode der Partei ihre eigenen charakteristischen Züge trägt und die Arbeit nach bestimmten Methoden und Gepflogenheiten geleistet wird. Eine taktische Neuorientierung bedeutet immer einen Bruch mit den bisherigen Methoden und Gepflogenheiten. Hier liegt die nächste und unmittelbarste Ursache zu allen innerparteilichen Reibungen und Krisen.

„Zu oft ist es vorgekommen" – schrieb Lenin im Juli 1917 – *„daß bei jähen geschichtlichen Ereignissen selbst die fortgeschrittensten Parteien längere Zeit gebraucht haben, sich in die neue Lage hineinzufinden, alte Losungen wiederholt haben, die gestern richtig waren, aber heute jeden Sinn verloren und zwar so 'jäh' verloren haben, wie die geschichtliche Wendung 'jäh' eintraf."* (Band 14, Teil 2, Seite 12 der russischen Ausgabe der **Gesammelten Werke** Lenins.)

Hierdurch erwächst die Gefahr: kommt der Umsturz sehr plötzlich und hat die vorhergehende Periode viele konservative Elemente in den führenden Organen der Partei angesammelt, so wird sie sich im entscheidenden Moment als unfähig erweisen, ihre Führerrolle zu erfüllen, zu der sie sich im Laufe vieler Jahre und Jahrzehnte vorbereitet hat. Die Partei wird von Krisen zersetzt, die Bewegung geht an ihr vorüber – zur Niederlage.

Die revolutionäre Partei befindet sich unter dem Druck fremder politischer Kräfte; in jeder Periode ihres Bestehens entwickelt sie andere Mittel, diesen Kräften zu widerstehen und sich ihnen entgegenzusetzen. Bei einer taktischen Neuorientierung und den damit verbundenen inneren Reibungen schwindet die Kraft, sich den zerstörenden äußeren Kräften zu widersetzen. Es besteht daher die Gefahr, daß innere Umgestaltungen der Partei, die im Hinblick auf die Notwendigkeit der taktischen Neuorientierung entstehen, über das Ziel hinauswachsen und verschiedenen Klassentendenzen als Stützpunkt dienen. Einfacher ausgedrückt: eine Partei, die mit den historischen Aufgaben ihrer Klasse nicht Schritt hält, läuft Gefahr, zum indirekten Werkzeug anderer Klassen zu werden oder wird es auch tatsächlich.

Wenn das eben Gesagte im Hinblick auf jede ernsthafte innere, taktische Umstellung richtig ist, so gilt das noch viel mehr in bezug auf die großen strategischen Wendungen. Unter Taktik im Klassenkampf verstehen wir — analog dem Kriegshandwerk — die Kunst, einzelne Operationen zu führen, unter Strategie, die Kunst zu siegen, das heißt: die Eroberung der Macht. Diesen Unterschied haben wir im allgemeinen bis zum Kriege und in der Epoche der zweiten Internationale nicht gemacht. Wir haben uns auf den Begriff der sozialdemokratischen Taktik beschränkt. Dies war kein Zufall: die Sozialdemokratie besaß eine parlamentarische Taktik, eine gewerkschaftliche, eine munizipale, eine genossenschaftliche usw. Der Gedanke jedoch, alle diese Kräfte zusammenzufassen, durch Zusammenschluß aller Kampfmittel den Sieg über den Feind herbeizuführen, wurde in Wirklichkeit während der Epoche der zweiten Internationale nicht erwogen, wie auch die Aufgabe, die Macht tatsächlich zu erobern, nicht auftauchte.

Erst die Revolution von 1905 hat zum erstenmal nach längerer Unterbrechung die grundlegenden, strategischen Fragen des proletarischen Kampfes in den Vordergrund gerückt. Damit haben sich die russischen revolutionären Sozialdemokraten, das heißt die Bolschewisten, ein großes Verdienst erworben. Die große Epoche der revolutionären Strategie beginnt im Jahre 1917 zunächst für Rußland, dann aber für ganz Europa. Die Strategie beseitigt nicht die Taktik; die Fragen der Gewerkschaftsbewegung, der parlamentarischen Tätigkeit usw. finden nach wie vor unsere Aufmerksamkeit, aber sie erhalten eine völlig neue Bedeutung und werden zu untergeordneten Methoden des kombinierten Kampfes um die Macht. Die Taktik unterwirft sich der Strategie.

Wenn schon die taktische Umstellung meist zu inneren Krisen führt, wieviel stärker und nachhaltiger müssen die Reibungen bei einem strategischen Wendepunkt sein! Die gewaltigste Umstellung ist aber die, wenn die proletarische Partei von der Vorbereitung, der Propaganda, der Organisation, der Agitation übergeht zum unmittelbaren Kampf um die Macht, zum bewaffneten Aufstand gegen die Bourgeoisie.

Alles, was in der Partei vorhanden ist an unentschlossenen, skeptischen, opportunistischen, menschewistischen Elementen, erhebt sich gegen den Aufstand, sucht für seine Opposition nach theoretischen Formeln und findet sie – bei den gestrigen Feinden – den Opportunisten. Diese Erscheinung werden wir noch öfter beobachten können.

In der Zeit von Februar bis Oktober 1917 erfolgte nach einer Agitationsarbeit auf breitester Grundlage unter den Massen eine Truppenschau und Prüfung der Schlagkraft vor der Entscheidungsschlacht. Im und nach dem Oktober wurde die Kampfkraft durch gigantische, historische Taten erprobt. Wollte man jetzt – einige Jahre nach dem Oktober 1917 – sich mit der Beurteilung der Revolution und speziell der russischen befassen und die Erfahrungen des Jahres 1917 umgehen, so wäre dies unfruchtbare Scholastik und keinesfalls marxistische Analyse der Politik. Es wäre dasselbe, wollte man sich in eine Auseinandersetzung über die verschiedenen Methoden des Schwimmens einlassen, krampfhaft bemüht, dabei nicht auf den Fluß zu schauen, wo Badende diese Methoden praktisch anwenden. Es gibt kein besseres Mittel, die Anschauungen über die Revolution zu prüfen, als durch ihre Anwendung in der Revolution selbst, wie ja auch die Schwimmmethoden sich am leichtesten durch den Sprung ins Wasser erproben lassen.

„Die demokratische Diktatur des Proletariats und des Bauerntums" Februar und Oktober

Der Verlauf und Ausklang der Oktoberrevolution hat jener scholastischen Parodie auf den Marxismus, welche in den russischen sozialdemokratischen Kreisen, angefangen bei der Gruppe „Befreiung der Arbeit", am weitesten verbreitet bei den Menschewiki und auch am vollendetsten dort ausgedrückt, überaus weit verbreitet war, einen tödlichen Schlag versetzt. Der Sinn dieses Pseudo-Marxismus bestand darin, daß er den bedingten und umgrenzten Gedanken von Marx *„Die fortgeschrittenen Länder zeigen den zurückgebliebenen ihre zukünftige Entwicklung"* verwandelt hat in ein absolutes – wie es Marx genannt hat – überhistorisches Gesetz, und auf dieses Gesetz waren die Anhänger des Pseudo-Marxismus bestrebt, die Taktik der Arbeiterpartei zu gründen. So betrachtet, konnte das Proletariat in Rußland den Kampf um die Macht nicht eher beginnen, bis die ökonomisch entwickelteren Länder einen „Präzedenzfall" aufgestellt hatten. Gewiß, es läßt sich nicht bestreiten, daß jedes zurückgebliebene Land in der Geschichte der vorgeschritteneren Länder einiges findet, was auf die eigene zukünftige Entwicklung hinweist, von einer Wiederholung im ganzen kann jedoch keine Rede sein. Im Gegenteil, je mehr die kapitalistische Wirtschaft zur Weltwirtschaft wurde, um so eigenartiger gestaltete sich das Schicksal der zurückgebliebenen Länder, in denen die Elemente der Rückständigkeit mit den letzten Errungenschaften der kapitalistischen Entwicklung Hand in Hand gingen. Engels schrieb in seinem Vorwort zu seinem Buche **Bauernkrieg**: *„In einer gewissen Etappe, welche nicht überall gleichzeitig oder auf denselben Entwicklungsstufen einzutreten braucht, bemerkt die Bourgeoisie, daß ihr der proletarische Weggenosse über den Kopf wächst".* Durch die geschichtliche Entwicklung hat die russische Bourgeoisie und sie mehr als jede andere, diese Tatsache früher und im vollsten Umfange erfahren. Lenin hat schon am Vorabend der Revolution von 1905 die Eigenartigkeit der russischen Revolution in der Formel „Demokratische Diktatur des Proletariats und des Bauerntums" ausgedrückt. Die Formel an sich, das hat die weitere Entwicklung gezeigt, konnte nur als eine Etappe zur sozialistischen Diktatur des Proletariats, das sich auf das Bauerntum stützt, angesehen werden. Die Lenin'sche Formel war durch und durch revolutionär, dynamisch, sie war dem menschewistischen Schema vollkommen entgegengesetzt; diesem Schema zufolge konnte für Rußland nur eine Wiederholung der Geschichte der fortgeschritteneren Länder in Betracht kommen, in denen die Bourgeoisie die Herrschaft und die Sozialdemokraten die Opposition vertreten. In bestimmten Kreisen unserer Partei wurde in der Lenin'schen Formel die Betonung nicht auf die Diktatur des Proletariats und der Bauern gelegt, sondern auf ihren demokratischen Charakter, als Gegensatz zu dem sozialistischen Charakter, was so viel hieß: in Rußland, einem zurückgebliebenen Land, ist nur eine demokratische Revolution denkbar. Die sozialistische Revolution hätte also demzufolge im Westen ihren Anfang nehmen müssen: der Weg zum Sozialismus führt über England, Frankreich und Deutschland. Eine solche Auffassung mußte aber unbedingt zum Menschewismus hinübergleiten und das zeigte sich auch offensichtlich im Jahre 1917, als die Aufgaben der Revolution nicht mehr Prognosen waren, sondern Fragen der Tat.

Sich inmitten einer realen revolutionären Lage auf den bis zu seinen letzten Konsequenzen durchgeführten Standpunkt der Demokratie gegen den Sozialismus als einer verfrühten Erscheinung stellen, hieß, politisch die proletarische Position mit der kleinbürgerlichen zu vertauschen und zum linken Flügel der nationalen Revolution überzugehen.

Die Februarrevolution, wenn man sie als selbständige betrachtet, war eine bürgerliche Revolution. Aber als solche kam sie viel zu spät und hatte keinen Bestand. Sie verstrickte sich in Widersprüche, welche sofort ihren Ausdruck in einer

Doppelregierung fanden und mußte entweder zur proletarischen Revolution auswachsen – was auch geschah – oder aber Rußland unter irgendein bürgerlich-oligarchisches Regime zurückversetzen, in ein halbkoloniales Gebilde umwandeln. Die Periode, die dem Februarumsturz folgte, kann man entweder als eine Zeit der Befestigung und Vertiefung der „demokratischen" Revolution ansehen, oder als eine Vorbereitung zu dem proletarischen Umsturz. Auf dem ersten Standpunkt standen nicht nur die Menschewiki und Sozial-Revolutionäre, sondern auch ein gewisser Teil führender Elemente unserer eigenen Partei. Der Unterschied war, daß letztere tatsächlich bestrebt waren, die demokratische Revolution möglichst nach links zu treiben. Aber die Methode war im Grunde genommen dieselbe: „Druck" auf die herrschende Bourgeoisie, in der Voraussetzung, daß dieser Druck nicht über den Rahmen des bürgerlich-demokratischen Regimes hinausführen würde. Wenn diese Politik überwogen hätte, wäre die Revolution über unsere Partei hinweggegangen und wir hätten zum Schluß einen Aufstand der Arbeiter- und Bauernmassen ohne Parteiführung erlebt, mit anderen Worten – die Julitage im gigantischen Maßstab schon nicht als Episode, sondern als Katastrophe.

Es liegt auf der Hand, daß die unmittelbare Folge dieser Katastrophe die Zertrümmerung der Partei gewesen wäre. Dies zeigt den ganzen Umfang der Meinungsverschiedenheiten.

Der Einfluß der Menschewiki und Sozial-Revolutionäre in der ersten Revolutionsperiode war kein zufälliger: er drückte das Vorhandensein großer kleinbürgerlicher und namentlich bäuerlicher Massen aus und zeigte zugleich die Unreife der Revolution. Dieser Unreife, bei völlig neuartigen Verhältnissen, die durch den Krieg bedingt waren, verdankten die kleinbürgerlichen Revolutionäre die Führung, oder die scheinbare Führung, die darin bestand, daß sie die historischen Ansprüche der Bourgeoisie auf die Macht verteidigten. Aber das besagt noch nicht, daß die russische Revolution nur den Weg gehen konnte, den sie vom Februar bis Oktober 1917 gegangen ist. Dieser letzte Weg ergab sich nicht nur aus dem gegenseitigen Verhältnis der Klassen, sondern auch aus den zeitweiligen Bedingungen, die der Krieg hervorgerufen hatte. Durch den Krieg war das Bauerntum in der Form einer Armee von mehreren Millionen organisiert und bewaffnet worden. Ehe das Proletariat Zeit gefunden hatte, sich unter eigenem Banner zu organisieren, um die Bauernmassen mit sich zu ziehen, hatten die kleinbürgerlichen Revolutionäre einen natürlichen Rückhalt in der durch den Krieg empörten Bauernarmee gefunden. Mit dieser millionenstarken Masse, von der zunächst alles abhing, übten die kleinbürgerlichen Revolutionäre einen Druck auf das Proletariat aus und zogen es in der ersten Zeit hinter sich her. Daß die Entwicklung der Revolution auch eine andere hätte sein können, und zwar bei derselben Klassenzusammensetzung, ergibt sich aus den Ereignissen, die dem Kriege vorangingen. Im Juli 1914 wurde Petrograd von revolutionären Zusammenstößen erschüttert. Es kam zu offenen Straßenkämpfen. Die Führung dieser Bewegung hatte fraglos unsere unterirdische Parteiorganisation und unsere legale Parteipresse. Der Bolschewismus hatte seinen Einfluß im offenen Kampfe mit dem Liquidatorentum und mit den kleinbürgerlichen Parteien überhaupt gefestigt; das weitere Anwachsen der Bewegung hätte vor allem ein Erstarken der bolschewistischen Partei bedeutet. Ein Sowjet der Arbeiterdeputierten von 1914 – wenn er zustande gekommen – wäre aller Wahrscheinlichkeit nach schon von Anfang an bolschewistisch gewesen. Das Erwachen der Landbevölkerung wäre direkt oder indirekt von den städtischen bolschewistischen Sowjets ausgegangen. Damit ist nicht gesagt, daß die Sozial-Revolutionäre sogleich in den Dörfern verschwunden wären, nein, voraussichtlich hätte die erste Etappe der Bauernrevolution unter der Flagge der Sozial-Revolutionäre gestanden, aber bei der von uns angedeuteten Entwicklung der Ereignisse wären die Sozial-Revolutionäre gezwungen gewesen, ihren linken Flügel hervorzuschieben, um Verbindung mit den bolschewistischen Sowjets in den Städten zu suchen. Der Ausgang des Aufstandes wäre letzten Endes selbstverständlich auch in diesem Falle vor allem von der Stimmung und Haltung der mit den Bauern verbundenen Armee abhängig gewesen. Es ist nicht möglich und auch überflüssig, heute feststellen zu wollen, ob die Bewegung der Jahre 1914-1915 zum Siege geführt hätte, wenn der Krieg nicht ausgebrochen wäre, der in die Kette der Entwicklung ein neues gewaltiges Glied einfügte. Es spricht aber vieles dafür, daß, wenn die siegreiche Revolution sich auf dem Wege weiterentwickelt hätte, den ihr die Juliereignisse von 1914 eröffnet haben, nach Beseitigung des Zarentums die revolutionären Arbeitersowjets ans Ruder gekommen wären, die durch die linken „Narodniki" (in der ersten Zeit!) auch die Bauernmassen in ihr Lager hinübergezogen hätten.

Der Krieg hat die sich ausbreitende revolutionäre Bewegung aufgehalten, dann aber außerordentlich beschleunigt. In der Riesenarmee schuf der Krieg den kleinbürgerlichen Parteien eine völlig neue, nicht nur soziale, sondern auch organisatorische Basis; denn darin besteht das Eigenartige der Bauernschaft, daß sie selbst, wenn sie revolutionär ist, sich schwer in eine Organisation einfügen läßt. Durch die Armee erhielten die kleinbürgerlichen Parteien eine fertige Organisation, mit der sie dem Proletariat zu imponieren und es in den Bann der „Vaterlandsverteidigung" zu bringen suchten. Hieraus ergibt sich, warum Lenin so nachdrücklich gegen die alte Losung *„Demokratische Diktatur des Proletariats und des Bauerntums"* auftrat; denn unter den neuen Verhältnissen hätte diese Losung ein Aufgehen der bolschewistischen Partei in den linken Flügel des Blocks der Vaterlandsverteidigung bedeutet. Lenin sah die Hauptaufgabe darin, die proletarische Avantgarde aus diesem Sumpf herauszuführen. Nur unter dieser Voraussetzung konnte das Proletariat – in der folgenden Etappe – den Kristallisationspunkt bilden für die arbeitenden Massen in den Dörfern. Aber was sollte mit der demokratischen Revolution oder richtiger mit der demokratischen Diktatur des Proletariats und der Bauern geschehen? Lenin gibt eine erbarmungslose Lektion denjenigen *„alten Bolschewisten"*, welche mehr als einmal, sagt er, *„in der Geschichte unserer Partei die traurige Rolle gespielt haben, mechanisch sinnlose und erlernte Phrasen zu wiederholen, statt die Eigenartigkeit der neuen, lebendigen Wirklichkeit zu studieren." „Nicht den alten Formeln, sondern der neuen Wirklichkeit muß man sich anpassen."* (N. Lenin, **Gesammelte Werke**, Band 14, Teil 1, Seite 28/33). Lenin fragt: *„Wird diese Wirklichkeit überhaupt von der alt-bolschewistischen Formel des Genossen Kamenew – ‚die bürgerlich-demokratische Revolution ist nicht beendet' erfaßt?" „Nein"*, antwortet er, *„diese Formel ist veraltet. Sie taugt nicht mehr – sie ist tot – zwecklos sind die Versuche, sie neu zu beleben."*

Es ist richtig, daß Lenin manchmal gesagt hat, daß die Sowjets der Arbeiter, Soldaten und Bauern in der ersten Epoche der Februarrevolution bis zu einem bestimmten Grade die Herrschaft der revolutionär-demokratischen Diktatur des Proletariats und der Bauern verwirklicht hatten. Und das ist richtig in dem Maße, in dem diese Sowjets überhaupt die Macht darstellten, jedoch, wie Lenin des öfteren festgestellt hat, stellten diese Räte der Februarepoche nur eine beschränkte Macht dar. Sie unterstützten die Macht der Bourgeoisie, indem sie auf dieselbe nur einen halboppositionellen „Druck" ausübten. Diese Zwitterstellung erlaubte ihnen auch nicht, aus den Grenzen einer demokratischen Koalition der Arbeiter, Bauern und Soldaten hinauszutreten. Insofern diese Koalition sich nicht auf geregelte staatliche Beziehungen, sondern auf die bewaffnete Macht und auf die unmittelbaren revolutionären Erwägungen stützte, neigte sie, was die Form der Machtausübung betraf, zur Diktatur, obwohl sie derselben bei weitem nicht gewachsen war. Hieraus ergab sich die Labilität der damaligen Sowjets. Sie wurden vor die Entscheidung gestellt, entweder unterzugehen oder die Macht tatsächlich zu ergreifen. Die Macht ergreifen konnten sie aber nicht in ihrer Eigenschaft als demokratische Koalition der Arbeiter und Bauern, die sich aus vielen Parteien zusammensetzte, sondern nur durch die proletarische Diktatur, die von einer einzigen Partei geführt wird, die auch die Bauernmassen hinter sich hat, angefangen mit ihren halbproletarischen Schichten. Mit anderen Worten, die demokratische Arbeiter- und Bauernrevolution konnte man als ein unreifes Gebilde ansehen, das zur wirklichen Herrschaft nicht geeignet war, als eine Tendenz, nicht als ein Endergebnis. Die weitere Entwicklung in der Richtung der Eroberung der Macht mußte notwendigerweise die demokratische Hülle zerreißen und die übergroße Mehrheit der Bauern vor die Notwendigkeit stellen, den Arbeitern zu folgen, sie mußte dem Proletariat die Möglichkeit schaffen, die Klassendiktatur zu verwirklichen, und dadurch als Forderung des Tages hinzustellen: eine rücksichtslos radikale Demokratisierung aller sozialen Beziehungen und den rein sozialistischen Einbruch des Arbeiterstaates in die kapitalistischen Eigentumsrechte. Wer unter diesen Verhältnissen sich noch an die Formel „Demokratische Diktatur" geklammert hat, mußte von vornherein auf die Macht verzichten und die Revolution in die Sackgasse führen.

Die grundlegende Frage, um die sich alle übrigen gruppierten, war: Kampf um die Macht oder nicht? Soll man die Macht übernehmen oder nicht? Schon hieraus ergab sich, daß wir zwei Anschauungen vor uns hatten und zwar nicht etwa ein episodenhaftes Auseinandergehen der Ansichten, sondern zwei Tendenzen ausgesprochen prinzipieller Bedeutung. Eine dieser Tendenzen – die ursprüngliche – war proletarisch und bewegte sich auf dem Wege zur Weltrevolution; die andere, die „demokratische", das heißt kleinbürgerliche, führte letzten Endes zur Unterordnung der proletarischen Politik unter die jeweiligen Forderungen der sich in Umwandlung befindenden bürgerlichen Gesellschaft. Diese beiden Tendenzen stießen während des ganzen Jahres 1917 bei allen einigermaßen bedeutenden Fragen aufeinander. Gerade die revolutionäre Epoche, das heißt die Zeit, wo die aufgespeicherte Kraft der Partei in unmittelbaren Umlauf gesetzt wird, mußte unabwendbar diese Verschiedenheit der Auffassung aufdecken. In größerem oder geringerem Maße, mit diesen oder jenen Abweichungen, werden diese zwei Tendenzen sich in den verschiedenen Revolutionsepochen auch in den anderen Ländern immer wieder zeigen. Wenn man unter Bolschewismus eine Erziehung, eine solche Organisation des proletarischen Vortrupps versteht, durch den ihm eine bewaffnete Ergreifung der Macht ermöglicht wird, wenn man die Sozialdemokratie als eine reformistisch-oppositionelle Betätigung im Rahmen der bürgerlichen Gesellschaft und eine Erziehung der Massen zur Anerkennung der Unantastbarkeit des bürgerlichen Staates ansieht, so wird es klar, daß auch innerhalb der kommunistischen Partei, die ja auch nicht fertig aus dem Ofen der Weltentwicklung kommt, der Kampf zwischen der sozialdemokratischen Tendenz und dem Bolschewismus um so heftiger, offener, demaskierter sich äußern muß, je mehr die Partei in die Periode der unmittelbaren Revolution tritt, wo die Frage der Machtergreifung zur Schicksalsfrage wird.

Erst am 4. April, das heißt nach der Ankunft Lenins in Petrograd, ist die Partei vor das Problem der Machtergreifung gestellt worden. Aber auch von diesem Moment an ist die Linie der Partei durchaus keine einheitliche gewesen, und sie war weit davon, für alle über jeden Zweifel erhaben zu sein. Ungeachtet der Entscheidung auf der Konferenz im April 1917 haben die Widerstände, die dem revolutionären Kurse entgegengebracht wurden – bald offen, bald unbewußt – in der ganzen Vorbereitungszeit angedauert. Das Studium der Meinungsverschiedenheiten zwischen der Februarrevolution und der Befestigung des Oktobers ist nicht nur theoretisch von außerordentlichem Interesse, sondern hat auch praktisch eine unermeßliche Bedeutung. Lenin hat im Jahre 1910 die Meinungsverschiedenheiten, die sich auf dem zweiten Kongreß 1903 zeigten, „Anticipation", das heißt Vorwegnahme genannt. Es ist sehr wichtig, diesen Zwiespalt von seiner Entwicklung an im Jahre 1903 und sogar noch eher, zum Beispiel vom „Economismus" an zu verfolgen. Aber dieses Studium erhält erst einen Sinn, wenn es bis zum Ende durchgeführt wird und besonders auch durch die Epoche, wo diese Verschiedenheit der Auffassungen der allergrößten Prüfung ausgesetzt war, das heißt durch die Oktoberrevolution.

Wir können uns in dem vorliegenden Werk nicht die Aufgabe stellen, alle Stadien dieses Kampfes zu erschöpfen. Aber wir halten es für notwendig, wenigstens teilweise die unbegreifliche Lücke auszufüllen, die unsere Literatur in bezug auf diese wichtigste Periode in der Entwicklung unserer Partei aufweist.

Im Mittelpunkt des Zwiespaltes steht wie schon gesagt, die Frage der Machtergreifung. Diese ist überhaupt das Merkmal, an dem der Charakter einer revolutionären (und nicht nur einer revolutionären) Partei erkannt wird. Zugleich mit der Frage der Machtergreifung wird in dieser Periode gestellt und entschieden das Problem des Krieges.

Wir wollen alle Fragen in chronologischer Reihenfolge betrachten: die Stellung der Partei und der Parteipresse in der ersten Zeit nach der Beseitigung des Zarismus bis zur Ankunft Lenins; der Kampf um Lenins Thesen; die Aprilkonferenz; die Juliereignisse; der Kornilowputsch; die demokratische Konferenz und das Vorparlament; die Frage des bewaffneten Aufstandes und der Besitzergreifung der Macht (September-Oktober); die Frage der sozialistischen „Einheits"-Regierung.

Das Studium dieser Zwiespalte wird uns, wie wir annehmen, die Möglichkeit geben, Schlüsse zu ziehen, die auch für die anderen Parteien der kommunistischen Internationale von Bedeutung sein können.

Der Kampf gegen Krieg und Vaterlandsverteidigung

Der Sturz des Zarismus im Februar 1917 bedeutete selbstredend einen großen Schritt nach vorwärts. Nimmt man jedoch die Februarrevolution an sich, ohne sie als Vorstufe zum Oktober anzusehen, so bedeutet sie nur, daß Rußland sich dem Typus etwa des bürgerlich – republikanischen Frankreich näherte. Die kleinbürgerlichen revolutionären Parteien sahen, wie dies ihnen auch geziemt, in der Februarrevolution wohl keine bürgerliche Revolution, aber auch in keinem Fall eine Stufe zur sozialistischen Revolution, für sie hatte die Revolution eine eigene „demokratische" Bedeutung. Hierauf bauten sie auch ihre Ideologien von der revolutionären Vaterlandsverteidigung. Sie verteidigten nicht die Herrschaft dieser oder jener Klasse, sondern die „Revolution" und die „Demokratie". Aber auch in unserer eigenen Partei hatte die Februarrevolution in der ersten Zeit eine außerordentliche Störung der politischen Perspektiven zur Folge. Im Grunde genommen stand die **Prawda** in den Märztagen dem Standpunkte der revolutionären Vaterlandsverteidigung bedeutend näher als den Anschauungen, die Lenin vertrat.

„*Wenn eine Armee der anderen gegenübersteht,*" lesen wir in einem ihrer redaktionellen Artikel, „*wäre die unvernünftigste Politik die, der einen Armee vorzuschlagen, die Waffen niederzulegen und nach Haus zu gehen. Eine solche Politik wäre nicht eine Politik des Friedens, sondern eine Politik der Knechtschaft, die ein freies Volk mit Entrüstung ablehnen würde. Ein freies Volk würde auf dem Posten ausharren, würde auf jede Kugel mit einer Kugel, auf jedes Geschoß mit einem Geschoß antworten. Das ist außer Frage. Wir dürfen keinerlei Desorganisation der militärischen Kräfte der Revolution zulassen.*" (**Prawda**, Nr.9, 15. März 1917.)

Es handelt sich hierbei nicht um herrschende und unterdrückte Klassen, sondern um das „*freie Volk*"; nicht die Klassen kämpfen um die Herrschaft, sondern das freie Volk steht „*auf seinem Posten*". Die Idee und ihre Formulierung entsprechen durchaus der Plattform der Vaterlandsverteidigung. Weiter heißt es in demselben Aufsatz:

Nicht die Desorganisation der revolutionären und revolutionierenden Armee und nicht die inhaltlose Formel: „Nieder mit dem Krieg," ist unsere Losung. Unsere Losung ist: Druck [!] *auf die zeitweilige Regierung mit dem Ziele, sie zu zwingen, offen vor die Weltdemokratie* [!] *zu treten, mit dem Versuch* [!], *alle kriegführenden Staaten zu veranlassen* [!], *unverzüglich in Unterhandlungen zu treten und über die Mittel, den Krieg zu beenden, zu beraten. Bis dahin aber soll jeder auf seinem Kampfposten durchhalten"* [!].

Die Idee, auf die imperialistischen Regierungen einen Druck auszuüben, mit dem Ziele, sie für einen edlen Schritt „geneigt" zu machen, war das Programm von Kautsky und Ledebour in Deutschland, Jean Longuet in Frankreich und MacDonald in England – aber niemals ein bolschewistisches Programm. Der Aufsatz schließt nicht nur mit einer freudigen „*Begrüßung*" des berüchtigten Manifestes der Petrograder Räte *An alle Völker der Welt*, (dies Manifest ist vom Geiste der revolutionären Landesverteidigung erfüllt), sondern stellt auch mit „*Genugtuung*" die Übereinstimmung der Redaktion mit den Resolutionen zweier Petrograder Meetings fest, die offensichtlich auf der Plattform der Vaterlandsverteidigung standen. Es genügt, darauf hinzuweisen, daß eine von diesen Resolutionen erklärt:

„*Wenn die deutsche und österreichische Demokratie auf unsere Stimme nicht hört* [das heißt: die Stimme der zeitweiligen Regierung – L.T.], *werden wir unsere Heimat bis zum letzten Blutstropfen verteidigen*" (**Prawda**, Nr.9 vom 15. März 1917).

Der angeführte Aufsatz bildet keine Ausnahme. Im Gegenteil, er drückt ganz genau die Stellung der **Prawda** bis zur Rückkehr Lenins aus. In der folgenden Nummer dieser Zeitung und zwar im Aufsatze: *Vom Kriege* z.B. finden sich wohl irgendwelche kritischen Bemerkungen, die sich auf das Manifest *An alle Völker der Welt*, beziehen, aber gleichzeitig heißt es dort:

„Es ist nicht möglich, den gestrigen Aufruf der Petrograder Arbeiter- und Soldatenräte An alle Völker der Welt, der die Forderung enthält, die eigenen Regierungen zu veranlassen, den Krieg zu beenden, nicht willkommen zu heißen.“ (**Prawda**, Nr.10 vom 16. März 1917) Nun, und auf welchem Wege soll denn der Ausweg aus dem Kriege gesucht werden? Darauf heißt die Antwort: — *„Das Mittel ist einen Druck auszuüben auf die zeitweilige Regierung mit der Forderung, ihre Zustimmung, unverzüglich in Friedensverhandlungen zu treten, zu geben.“* (Ebendort.) Solche und ähnliche Zitate mit verkapptem Landesverteidigertum und maskiertem Opportunismus könnte man in Hülle und Fülle anführen. Zur selben Zeit, ja sogar eine Woche früher, wütete Lenin, der sich immer noch nicht aus seinem Züricher Käfig befreit hatte, in seinen „Briefen aus der Ferne“ (die meisten sind bis zur **Prawda** nicht gelangt) gegen jedes Zugeständnis an die Vaterlandsverteidiger und Opportunisten.

„Es ist,“ schrieb er am 8. (21.) März, als er sich noch ein wahres Bild der revolutionären Ereignisse aus den Elementen der entstellenden kapitalistischen Informationsquellen machen mußte, *„völlig unzulässig, dem Volke und sich selbst zu verschweigen, daß diese Regierung die Fortsetzung des Krieges will, daß sie ein Agent des englischen Kapitals ist, daß sie die Wiederherstellung der Monarchie und die Festigung der Macht der Gutsbesitzer und Kapitalisten anstrebt“* (**Proletarische Revolution**, Nr.7 (30), Seite 299).

Und weiter am 12. März

„Sich an diese Regierung zu wenden, mit dem Vorschlag, einen demokratischen Frieden zu schließen, gliche dem Versuch, den Inhabern öffentlicher Häuser Nächstenliebe zu predigen“ (**ebenda** Seite 243).

Zur selben Zeit, als die **Prawda** den *„Druck“* auf die zeitweilige Regierung propagierte, mit dem Ziele, sie zu einem Vorgehen „*vor der ganzen demokratischen Welt*" im Interesse des Friedens zu veranlassen, schrieb Lenin:

„*Ein Herantreten an die Gutschkow-Miljukow-Regierung mit der Forderung, bald einen ehrlichen demokratischen Frieden zu schließen, ist ebenso töricht, als wenn ein braver Dorfgeistlicher sich an den Gutsbesitzer und Krämer mit dem Vorschlag wendet, ein gottesfürchtiges Leben zu beginnen, seinen Nächsten zu lieben und ihm die rechte Backe hinzuhalten, wenn auf die linke geschlagen wird*" (ebenda Seite 244/45).

Am 4. April, einen Tag nach seiner Ankunft in Petrograd, trat Lenin entschieden gegen die Stellung, die die **Prawda** in bezug auf den Krieg und den Frieden eingenommen hatte, auf.

„*Keinerlei Unterstützung der zeitweiligen Regierung,* – schrieb er – *volle Aufdeckung der ganzen Verlogenheit ihrer Versprechungen, insbesondere in bezug auf den Verzicht auf jede Annektion. Entlarvung, statt an diese Regierung, die eine kapitalistische ist, mit der unzulässigen, illusionären „Forderung" heranzutreten, sie sollte aufhören, imperialistisch zu sein*" (Band 14, Teil 1, Seite 18).

Es erübrigt sich, zu sagen, daß der Aufruf vom 14. März, welcher von der **Prawda** mit so großer Begeisterung begrüßt worden war, von Lenin „*berüchtigt*" und „*verwirrt*" genannt wird. Es ist Heuchelei in höchstem Maße, wenn man andere Völker aufruft, gegen die Finanzmagnaten vorzugehen, während man selbst mit den eigenen Kapitalisten eine Koalitionsregierung bildet. In einem *Projekt der Plattform* sagt Lenin:

„*... das ‚Zentrum' beschwört und beteuert, daß es marxistisch und internationalistisch ist, daß es für den Frieden, für jeden ‚Druck' auf die Regierung, worum es sich auch immer handelt, für jede ‚Forderung' eintreten und daß es den Willen des Volkes zum Frieden unterstützen wolle.*" (Band 14, I, Seite 52.)

Aber kann denn eine revolutionäre Partei – so könnte man hier fragen – auf diesen Druck der Bourgeoisie und der Regierung gegenüber verzichten? Natürlich nicht! Der Druck auf die bürgerliche Regierung ist der Weg der Reformen. Die marxistische revolutionäre Partei verzichtet nicht auf Reformen, der Weg der Reform taugt jedoch nur bei Fragen zweiter Ordnung, nicht aber, wenn es sich um die grundlegenden Fragen handelt. Es ist nicht möglich, durch Reformen in den Besitz der Macht zu gelangen. Es ist auch nicht möglich, durch einen „Druck" die Bourgeoisie zu veranlassen, ihre Politik in der Frage zu ändern, von der ihr Schicksal abhängt. Der Krieg hat gerade dadurch eine revolutionäre Situation geschaffen, daß er den reformistischen „Druck" wertlos machte. Nun hieß es nur mehr, entweder mit der Bourgeoisie bis zum Ende zu gehen oder aber die Massen gegen sie zu mobilisieren, mit dem Ziel, ihr die Macht zu entreißen. Im ersteren Falle hatte man von der Bourgeoisie einige Zugeständnisse zu erwarten in der inneren Politik gegen die Zusicherung einer uneingeschränkten Unterstützung ihrer äußeren imperialistischen Politik. Aus diesem Grunde hat der sozialistische Reformismus von Anfang des Krieges an sich offen in einen sozialistischen Imperialismus umgewandelt. Aus diesem Grunde sind die wirklich revolutionären Elemente gezwungen gewesen, an die Gründung einer neuen Internationale heranzutreten.

Der Standpunkt der **Prawda** ist nicht proletarisch-revolutionär, sondern demokratisch-durchhalterisch, allerdings nicht ausgesprochen in diesem letzteren Punkte gewesen. Wir haben den Zarismus beseitigt, wir üben einen Druck auf die demokratische Regierung aus, damit diese den Völkern einen Frieden vorschlüge. Wenn die deutsche Demokratie jedoch nicht imstande ist, einen entsprechenden Einfluß auf ihre Regierung auszuüben, so werden wir die „Heimat" verteidigen bis zum letzten Tropfen Blut. Die Frage des Friedens wurde nicht als selbständige Aufgabe der Arbeiterklasse angesehen, die auch berufen ist, ihn über den Kopf der bürgerlichen zeitweiligen Regierung hinweg zu verwirklichen und zwar deshalb nicht, weil die Eroberung der Macht durch das Proletariat nicht als praktische revolutionäre Aufgabe angesehen wurde. Und doch ist eines nicht von dem anderen zu trennen.

Die Aprilkonferenz

Lenins Rede auf dem finnländischen Bahnhof über den sozialistischen Charakter der russischen Revolution schlug bei vielen leitenden Parteiführern wie eine Bombe ein. Die Polemik zwischen Lenin und den Anhängern der „Durchführung der demokratischen Revolution" begann am selben Tage. Der Vorwand für eine ernste Auseinandersetzung war eine bewaffnete Demonstration, bei der die Losung gegeben wurde: „Nieder mit der provisorischen Regierung!" Dieser Umstand gab einzelnen Vertretern des rechten Flügels Veranlassung, Lenin wegen Blanquismus anzuklagen: der Sturz der provisorischen Regierung, welche in dieser Periode von der Mehrheit der Sowjets unterstützt wurde, hätte nur unter Ausschaltung des größten Teiles der Werktätigen erreicht werden können. Formal konnte dieser Vorwurf nicht ganz ohne Berechtigung erscheinen, aber in Wirklichkeit war in Lenins Aprilpolitik auch nicht die mindeste Spur von Blanquismus. Die Frage bestand für ihn darin, in welchem Maße die Sowjets die wirkliche Stimmung des Volkes ausdrückten und ob sich nicht die Partei betröge, indem sie sich nach der Sowjetmehrheit richtete. Die Aprilmanifestation, welche mehr nach links ausschlug, als es sein sollte, diente dazu, festzustellen, wie die Stimmung der Massen tatsächlich war und ließ das Kräfteverhältnis zwischen den Massen und der Sowjetmehrheit erkennen. Die Sondierung führte zu der Erkenntnis, daß eine lange Vorbereitungsarbeit notwendig sei. Wir erlebten, wie barsch Lenin die Kronstädter Delegation ablehnte, als sie ihm ihren Beschluß, die provisorische Regierung nicht anzuerkennen, mitteilte.

Ganz anders traten an diese Frage die Gegner des Kampfes um die Macht heran. Auf der Parteikonferenz im April klagte der Genosse Kamenew:

„In Nr. 19 der **Prawda** *ist vom Genossen* [gemeint offenbar Lenin. – L.T.] *eine Resolution vorgelegt worden, die eine Absetzung der provisorischen Regierung forderte. Diese Resolution ist vor der letzten*

*Krisis gedruckt worden; dann ist diese Losung als desorganisierend ab-
gelehnt und als abenteuerlich bezeichnet worden.* Dies bedeutet, daß unsere Genossen aus der Krisis etwas gelernt haben. *Die vorliegende Resolution* [das heißt die Resolution, die Lenin der Konferenz
vorlegte. – L.T.] *wiederholt diesen Fehler.*" ...

Diese Stellungnahme ist im höchsten Grade bezeichnend:
Lenin hat, nachdem er die Situation ausgekundschaftet, die
Forderung einer sofortigen Absetzung der provisorischen
Regierung, zurückgezogen, aber nur für Wochen oder Monate. Er wollte zunächst sehen, in welchem Grade die Unzufriedenheit der Massen mit den Opportunisten wuchs. Die
Opposition sah jedoch diese Losung an und für sich als
einen Fehler an. In dem zeitweiligen Rückzug Lenins war
auch nicht die leiseste Andeutung, daß er von der vorge-
zeichneten Linie abwich. Er ging nicht von dem Gedanken
aus, daß die demokratische Revolution noch nicht vollendet
war, sondern einzig und allein davon, daß die Masse heute
noch nicht fähig sei, die provisorische Regierung zu stürzen
und daß man deshalb alles tun müsse, um die arbeitende
Klasse in die Lage zu bringen, die provisorische Regierung
morgen stürzen zu können.

Die ganze Aprilkonferenz der Partei galt ausschließlich dieser grundlegenden Frage: gehen wir zur Eroberung der
Macht im Namen eines sozialistischen Umsturzes oder hel-
fen wir (irgend jemand), die demokratische Revolution
durchzuführen. Es ist bedauerlich, daß der Bericht dieser
Aprilkonferenz bis jetzt noch nicht gedruckt ist; denn in der
Geschichte unserer Partei haben kaum Konferenzen stattge-
funden, die von so entscheidender und unmittelbarer Bedeutung für das Schicksal der Revolution waren, wie diese Aprilkonferenz vom Jahre 1917.

Lenins Stellung war: unentwegter Kampf mit der Vaterlandsverteidigung und mit den Vaterlandsverteidigern, Erringung
der Mehrheit in den Sowjets, Sturz der provisorischen Regierung, Ergreifung der Macht durch die Sowjets, revolutionäre

Friedenspolitik, sozialistischer Umsturz im Innern und internationale Revolution außen. Im Gegensatz hierzu vertrat, wie wir wissen, die Opposition den Standpunkt: Durchführung der demokratischen Revolution durch Druck auf die zeitweilige Regierung, wobei die Sowjets als "Kontrollorgane" der bürgerlichen Regierung verbleiben sollten. Hieraus erwuchs eine völlig andere, weit versöhnlichere Einstellung zur "Landesverteidigung".

Einer von den Gegnern Lenins entgegnete auf der Aprilkonferenz:

„Wir sprechen von den Arbeiter- und Soldatenräten wie von dem organisierenden Zentrum unserer Kräfte und unserer Macht ... jedoch schon der Name zeigt, daß sie einen Block der kleinbürgerlichen und proletarischen Kräfte darstellen, vor denen unvollendete bürgerlich-demokratische Aufgaben stehen. Wenn die bürgerlich-demokratische Revolution enden würde, könnte dieser Block nicht bestehen und das Proletariat würde den Kampf gegen den Block führen... Da wir aber diese Sowjets als Zentrum unserer Organisation anerkennen, ist die bürgerliche Revolution noch nicht beendet; sie hat sich noch nicht überlebt und ich glaube, wir alle müssen anerkennen, daß nach Beendigung dieser Revolution die Macht tatsächlich in die Hände des Proletariates übergehen wird" (Rede des Genossen Kamenew).

Der hoffnungslose Schematismus dieser Argumentation ist vollständig klar: darin besteht doch das wesentliche, daß die *„endgültige Beendigung dieser Revolution"* nie eintreten kann, ohne daß die Macht in andere Hände übergeht. In der angeführten Rede wird der Klassencharakter der Revolution völlig ignoriert. Danach ergeben sich die Aufgaben der Partei nicht aus der realen Gruppierung der Machtverhältnisse in den Klassen, sondern aus einer formalen Definition der Revolution als bürgerlich oder bürgerlich-demokratisch. Wir müssen im Block mit dem Kleinbürgertum zusammengehen, und die Kontrolle über die bürgerliche Regierung so lange ausüben, bis die bürgerliche Revolution endgültig durchgeführt ist. Dieses Schema ist rein menschewistisch. Nach doktrinärer

Begrenzung der Aufgaben der Revolution durch derartige Namengebung („bürgerliche" Revolution) war es unmöglich, nicht zu einer Politik der Kontrolle der zeitweiligen Regierung mit der Forderung eines Friedens ohne Annektionen usw. zu gelangen. Unter der Durchführung der demokratischen Revolution verstand man eine Reihe Reformen, die auf dem Wege über die gesetzgebenden Körperschaften eingeführt werden sollten, wobei den Bolschewisten die Rolle des linken Flügels zugedacht war. Die Parole „alle Macht den Räten" verlor hierbei jeden realen Inhalt. Niemand hat dies so konsequent und durchdacht zum Ausdruck gebracht wie der verstorbene Nogin, welcher ebenfalls zur Opposition gehörte und es folgendermaßen auf der Aprilkonferenz darstellte:

„Im Laufe der Entwicklung verlieren die Sowjets alle wichtigsten Funktionen. Eine ganze Reihe administrativer Funktionen werden den städtischen und den Semstwo-Organisationen usw. übergeben. Wenn wir die weitere Entwicklung des staatlichen Aufbaues betrachten, können wir nicht verneinen, daß es zur Schaffung einer gesetzgebenden Körperschaft und weiter zu einem Parlament kommen muß. Folglich sterben die wichtigsten Funktionen der Sowjets ab, womit aber nicht gesagt sein soll, daß diese in Schande verenden. Sie übergeben lediglich ihre Funktionen. Die Verwirklichung der republikanischen Kommune ist bei diesen Sowjets nicht zu erwarten."

Der dritte Opponent endlich vertrat den Standpunkt, daß Rußland für den Sozialismus noch nicht reif sei.

„Können wir auf die Unterstützung der Massen rechnen, wenn wir die Parole ‚Proletarische Revolution' herausgeben? Rußland ist das kleinbürgerlichste Land in Europa. Wir können daher nicht annehmen, daß die Masse der sozialistischen Revolution Verständnis entgegenbringen werde. Folglich kann man sagen, je mehr die Partei den sozialistischen Standpunkt vertritt, um so mehr verwandelt sie sich in einen propagandistischen Klub. Den Anstoß zur sozialistischen Revolution kann nur der Westen geben."

Und weiter:

„Wo geht die Sonne des sozialistischen Umsturzes auf? Ich denke, daß auf Grund unseres kleinbürgerlichen Niveaus die Initiative der sozialistischen Revolution nicht von uns ausgehen darf, wir haben nicht die Kräfte und nicht die objektiven Bedingungen hierzu. Im Westen dagegen wird diese Frage ähnlich lauten, wie bei uns die Frage des Sturzes des Zarismus."

Nicht alle Gegner der Lenin'schen Auffassung kamen auf der Aprilkonferenz zu demselben Ergebnis wie Nogin; aber alle mußten durch die Logik der Tatsachen diese Erkenntnis wenige Monate später, und zwar am Vorabend der Oktoberrevolution sich zu eigen machen. Entweder Führung der Massen in der proletarischen Revolution oder aber die Rolle der Opposition in einem bürgerlichen Parlament, so hieß die Frage, die sich im Innern unserer Partei erhob. Es ist klar, daß die zweite Position in Wirklichkeit eine menschewistische war oder richtiger gesagt, die Position, die die Menschewisten nach der Februarrevolution räumen mußten. Tatsächlich hatten die menschewistischen Grünschnäbel im Laufe vieler Jahre gepredigt, daß die nächste Revolution eine bürgerliche sein werde, daß die bürgerliche Regierung der Revolution nur bürgerliche Aufgaben erfüllen, daß die Sozialdemokratie die Aufgaben der bürgerlichen Demokratie nicht übernehmen werde können, sondern – die *„Bourgeoisie nach links drängend"* – in der Lage der Opposition wird verbleiben müssen. Mit einem besonders ermüdenden Tiefsinn hat dieses Thema Martynow entwickelt. Beim Ausbruch der bürgerlichen Revolution im Jahre 1917 befanden sich die Menschewisten sehr bald in der Regierung. Von ihrer ganzen „grundsätzlichen" Position blieb nur jene politische Erkenntnis übrig, daß das Proletariat sich an die Macht nicht heranwagen darf. Nun aber ist es ganz klar, daß diejenigen Bolschewisten, welche die Menschewisten des Ministerialismus beschuldigten, gleichzeitig aber gegen die Besitzergreifung der Macht durch das Proletariat auftraten, in Wirklichkeit sich dem vorrevolutionären Standpunkte der Menschewisten näherten.

Die Revolution rief politische Verschiebungen in zwei Richtungen hervor: die Rechten wurden Kadetten, die Kadetten gezwungenermaßen Republikaner in formaler Bewegung nach links; die Sozialrevolutionäre und Menschewisten wurden die herrschende bürgerliche Partei, eine Bewegung nach rechts. Auf dieser Weise versuchte die bürgerliche Gesellschaft, sich eine neue Machtposition der Beständigkeit und Ordnung zu schaffen. Gleichzeitig mit dem Übertritt der Menschewisten von der formal-sozialistischen Position zur vulgär-demokratischen geht der rechte Flügel der Bolschewisten zur formal-sozialistischen, d.h. zur bisherigen menschewistischen Stellung über. Dieselbe Umstellung hat sich auch in der Frage des Krieges vollzogen. Die Bourgeoisie, mit Ausnahme einiger Doktrinären, trat bis zur Ermüdung für die Formel ein: ein Frieden ohne Annektionen und Kontributionen. Sie konnte das um so leichter, als die Aussichten auf Annektionen sehr gering waren. Die Menschewisten und Sozialrevolutionäre Zimmerwalder Richtung, die die französischen Sozialisten wegen ihrer Verteidigung des kapitalistisch-republikanischen Vaterlandes verurteilt hatten, wurden selbst zu Landesverteidigern, kaum, daß sie sich in einer bürgerlichen Republik fühlten: sie schoben sich vom passiv-internationalistischen Standpunkte zum aktiv-patriotischen hinüber. Gleichzeitig damit nahm der rechte Flügel der bolschewistischen Partei den passiv-internationalistischen Standpunkt: "Druck" auf die zeitweilige Regierung mit dem Ziele: demokratischer Frieden „ohne Annektionen und Kontributionen" ein.

So zerfiel auf der Aprilkonferenz die Formel der demokratischen Diktatur des Proletariats und der Bauern. Theoretisch und politisch ergaben sich zwei feindliche Anschauungen: die demokratische, welche von sozialistischen Schlagworten bemäntelt wurde und die sozial-revolutionäre oder die eigentlich bolschewistische, die Lenin'sche.

Die Julitage – Der Kornilowputsch
Die demokratische Konferenz und das
Vorparlament

Die Beschlüsse der Aprilkonferenz führten die Partei im Prinzip auf den richtigen Weg, aber der Zwiespalt bei der leitenden Schicht der Partei blieb bestehen und wurde durch sie nicht liquidiert. Im Gegenteil, der Zwiespalt vertiefte sich durch den Gang der Ereignisse, nahm konkretere Formen an und erreichte die größte Schärfe in dem entscheidenden Moment der Revolution, in den Oktobertagen.

Der Versuch, auf Lenins Initiative, am 10. Juni eine Demonstration durchzuführen, wurde von denselben Genossen, die auch mit dem Hervortreten im April unzufrieden waren, verurteilt und als Abenteuer hingestellt.

Die Demonstration am 10. Juni fand nicht statt, infolge eines Verbotes des Sowjetkongresses. Aber am 18. Juni erhielt die Partei die Genugtuung; denn die allgemeine Petrograder Demonstration, die wohl auf eine reichlich unvorsichtige Initiative der Opportunisten zustande kam, fand fast nur unter bolschewistischen Parolen statt. Jedoch auch die Regierung wollte etwas unternehmen und begann den idiotisch-leichtsinnigen Vormarsch an der Front. Das war ein entscheidender Moment. Lenin warnte die Partei vor unvorsichtigen Schritten. Am 21. Juni schrieb er in der **Prawda**: *„Genossen, ein Aufstand wäre jetzt nicht zweckmäßig. Jetzt heißt es, eine völlig neue Epoche unserer Revolution zu durchleben."* (Band 14, Teil 1, Seite 276.) Doch, es kamen die Julitage, die Meilensteine auf dem Wege der Revolution, aber auch auf dem Wege der innerparteilichen Zwistigkeiten.

In der Julibewegung spielte das eigenmächtige Vorgehen der Petrograder Massen die entscheidende Rolle. Doch es ist unzweifelhaft, daß Lenin sich im Juli fragte: Ist die Zeit nicht schon gekommen? Ist nicht schon die Stimmung der Massen über das Sowjetgerüst emporgewachsen? Müssen wir nicht befürchten, daß wir, hypnotisiert durch die Legalität der Sowjets, nicht mit der Stimmung der Massen mitkommen, ja sogar von ihr losgelöst werden können? Es ist sehr wahrscheinlich, daß einzelne rein militärische Handlungen in den Julitagen auf Veranlassung von Genossen unternommen wurden, die ehrlich überzeugt waren, im Sinne Lenins zu handeln. Lenin sagte jedoch später: *„Im Juli haben wir viel Dummheiten gemacht."* Aber in Wirklichkeit führte auch dieser Vorstoß zu einer breit angelegten Auskundschaftung auf einer höheren Etappe der Bewegung. Wir mußten zunächst den Rückzug antreten, einen schweren Rückzug. Die Partei, soweit sie sich mit der Vorbereitung zur Ergreifung der Macht befaßte, sah mit Lenin in dem Juliexperiment nur eine Episode, in welcher wir eine Fühlungnahme mit den feindlichen Kräften teuer erkauften, welche aber die Gesamtlinie unserer Entwicklung nicht beeinflussen konnte. Diejenigen Genossen, welche sich feindlich zu der Politik, die auf die Machtergreifung gerichtet war, stellten, sahen in den Julitagen ein schädliches Abenteuer. Die Mobilisation der rechten Kräfte der Partei verstärkte sich, ihre Kritik wurde entschlossener. Im Zusammenhang hiermit änderte sich auch der Ton der Abwehr. Lenin schrieb:

„All' dieses Zetern, all' diese Überlegungen – sollte man nicht an dem Versuch eines friedlichen und organischen Aufbaues gegenüber der übergesetzlichen Unzufriedenheit und Empörung der Massen teilnehmen? – führen entweder zum Renegatentum, wenn sie von den Bolschewisten ausgehen oder sind eine übliche Erscheinung beim Kleinbürger, die durch reine Angst und seine Hilflosigkeit hervorgerufen wird." (Band 14, Teil 2, Seite 28.)

Das Wort *„Renegatentum"* in diesem Zusammenhang zeigte die ganze Tragik des Zwiespaltes. Später trifft man dieses böse Wort häufig und immer häufiger.

Die opportunistische Stellung zur Machtfrage und zum Kriege mußte selbstverständlich auch eine entsprechende Stellung zur Internationale auslösen. Von seiten der Rechten wurde der Versuch gemacht, die Partei zur Teilnahme an der Stockholmer Konferenz der Sozialpatrioten zu veranlassen. Lenin schrieb am 16. August:

„Der Rede des Genossen Kamenew im zentralen Exekutiv-Komitee am 8. August im Zusammenhang mit der Frage der Stockholmer Konferenz darf nicht unwidersprochen bleiben von seiten derjenigen Bolschewisten, die ihrer Partei und ihren Prinzipien treu geblieben." (Band 14, Teil 2, Seite 56.)

Und weiter schrieb er zur Phrase, daß auf der Stockholmer Konferenz das Banner der Revolution ausgebreitet werden soll:

„All dies ist leere Deklamation, im Geiste Tschernows und Zeretellis – es ist eine offensichtliche Lüge. Nicht die Fahne der Revolution, aber die Fahne des Kompromisses, der Amnestie für die Sozial-Imperialisten, der Verhandlungen der Bankiers über die Aufteilung der Annektionen, das sind die Banner, die über Stockholm entrollt werden." (**Ebenda**, Seite 57.)

Der Weg nach Stockholm war in Wirklichkeit der Weg zur II. Internationale, genau wie die Teilnahme am Vorparlament der Weg zur bürgerlichen Republik war. Lenin war für Boykott der Stockholmer Konferenz und später für eine Boykottierung des Vorparlamentes. Mitten im größten Kampf hat er nicht eine Minute das Ziel aus den Augen gelassen: die Schaffung der neuen kommunistischen Internationale.

Schon am 10. April schlägt Lenin eine Umbenennung der Partei vor. Alle Einwände gegen den neuen Namen beseitigt er. Er bezeichnete sie als Argumente der Trägheit und Routine. Er besteht darauf: *„Es ist an der Zeit, das alte Hemd fortzuwerfen und sich reine Wäsche anzuziehen."* Und trotzdem, der Widerstand bei den Spitzen der Partei ist so stark, daß ein ganzes Jahr, in welchem Rußland die schmutzige Wäsche der Bourgeoisie-Herrschaft ablegte, vergehen mußte, ehe die Partei sich entschließen konnte, ihren Namen zu erneuern und so zur Tradition Marx' und Engels' zurückkehrte.

In dieser Geschichte der Namensänderung der Partei drückt sich symbolisch die Rolle Lenins während des ganzen Jahres 1917 aus: denn im allerentscheidensten Wendepunkte der Entwicklung muß er ununterbrochen im Innern einen aufreibenden Kampf führen gegen das Gestern im Namen des Morgen. Der Widerstand des Gestern, welcher unter der Flagge „Tradition" auftritt, erreicht in einzelnen Momenten eine außerordentliche Schärfe.

Die Ereignisse des Kornilowputsches, welche eine Verschiebung der Lage zu unseren Gunsten zur Folge hatten, milderten zeitweilig die Meinungsverschiedenheiten; sie milderten sie, aber sie beseitigten sie nicht. Bei dem rechten Flügel war in diesen Tagen die Tendenz zur Annäherung an die Mehrheit der Sowjets auf der Grundlage der Verteidigung der Revolution und teilweise auch der Verteidigung der Heimat, unverkennbar. Lenin reagierte Anfang September durch einen Brief an das Zentralkomitee:

„Meiner Meinung nach verfallen diejenigen der Prinzipienlosigkeit, die für „Landesverteidigung" oder (wie andere Bolschewisten) für den Block mit den Sozialrevolutionären und für die Unterstützung der zeitweiligen Regierung eintreten. Das ist ein Grundirrtum, das ist – Prinzipienlosigkeit. Wir können zu Anhängern der Landesverteidigung erst dann werden, wenn das Proletariat die Macht übernommen hat."

Und weiter:

„Die Regierung Kerenski unterstützen dürfen wir sogar jetzt nicht, das wäre Gesinnungslosigkeit. Man wird fragen: soll denn Kornilow nicht bekämpft werden? Natürlich, ja! Aber das ist nicht ein und dasselbe: es gibt da eine Grenze, die einige Bolschewisten überschreiten, wobei sie dem Opportunismus verfallen, indem sie sich von den Ereignissen mitreißen lassen." (Band 14, Teil 2. S.95.)

Die nächste Stufe in der Entwicklung der Meinungsverschiedenheiten war die demokratische Konferenz (12. bis 22. September) und das aus ihm hervorgegangene Vorparlament (7.

Oktober). Die Aufgabe der Menschewisten und Sozialrevolutionäre bestand darin, die Bolschewisten durch die sowjetistische Legalität zu binden und aus dieser eine bürgerlich-parlamentarische Legalität zu machen. Die Rechten kamen diesen Bestrebungen entgegen. Wir haben bereits vorhin gesehen, wie sie sich die Entwicklung der Revolution dachten: die Sowjets treten ihre Obliegenheiten an entsprechende Organisationen ab, den Stadtvertretungen, den Gemeinden, gewerkschaftlichen Verbänden, und zum Schluß der gesetzgebenden Körperschaft, womit dann die Räte von der Bildfläche verschwinden. Der Weg durch das Vorparlament sollte die Aufmerksamkeit der Massen von den Räten als einer „zeitweiligen" Institution hinlenken zur gesetzgebenden Körperschaft als dem Schlußstein der demokratischen Revolution. Doch die Bolschewisten waren sowohl in den Petrograder als in den Moskauer Sowjets bereits in der Überzahl. Unser Einfluß auch in der Armee wuchs nicht nur mit jedem Tage, sondern von Stunde zu Stunde. Es handelte sich bald nicht mehr darum, Prognosen aufzustellen und Möglichkeiten zu erwägen, sondern buchstäblich darum, den Weg zu bestimmen, der bereits morgen beschritten werden sollte.

Das Auftreten der bereits gänzlich abgewirtschafteten opportunistischen Parteien auf der demokratischen Konferenz zeigte ihre traurige Gemeinheit. Unsere Forderung jedoch, diese Konferenz demonstrativ zu verlassen, weil sie offensichtlich dem Untergang verfallen war, stieß bei den damals immerhin noch mächtigen rechten Elementen in der Leitung unserer Partei auf energischen Widerstand. Dieser Streit war der Anfang des Kampfes um den Boykott des Vorparlamentes überhaupt. Am 24. September, d.h. nach der demokratischen Konferenz, schrieb Lenin:

„Die Bolschewisten hätten die Konferenz demonstrativ verlassen sollen, als Protest und auch, um nicht in die Falle zu gehen und die Aufmerksamkeit des Volkes von den ernsten Fragen nicht ablenken zu lassen." (Band 14, Teil 2, Seite 144.)

Die Debatten innerhalb der bolschewistischen Fraktion auf der demokratischen Konferenz wegen des Boykottes des Vorparlamentes hatten ungeachtet der verhältnismäßig engen Begrenzung des Themas eine außergewöhnliche Bedeutung. In Wirklichkeit handelte es sich um den äußerlich auch erfolgreichen Versuch des rechten Flügels, die Partei auf den Weg der „Weiterführung" der „Demokratischen Revolution" zu bringen. Ein Stenogramm dieser Debatten liegt nicht vor, ist aller Wahrscheinlichkeit nach gar nicht vorhanden gewesen – jedenfalls besitzen wir ein solches nicht. Auch irgendwelche Aufzeichnungen sind, soviel mir bekannt ist, nicht vorhanden. Einige unzulängliche Notizen sind von den Herausgebern des vorliegenden Werkes in meinen Papieren gefunden worden. Der Genosse Kamenew hat die Argumente, die später klarer und schärfer den Inhalt eines Briefes von Kamenew und Sinowjew an die Parteiorganisationen (11. Oktober) bildeten, dargelegt. Eine mehr prinzipielle Formulierung der Frage fand Nogin: *„Der Boykott des Vorparlamentes ist der Aufruf zur Erhebung, d.h. zur Wiederholung der Julitage."* Einige andere Genossen gingen von der allgemeinen sozialdemokratischen Parlamentstaktik aus und sagten ungefähr:

„Es würde niemand wagen, den Boykott des Parlaments zu beantragen, aber man schlägt uns vor, eine derartige Einrichtung zu boykottieren, nur deshalb, weil man ihr den Namen Vorparlament gegeben hat."

Die Grundanschauung der Rechten bestand darin, daß die Revolution unvermeidlich von den Sowjets zum bürgerlichen Parlamentarismus führe und das das Vorparlament eine natürliche Erscheinung in dieser Entwicklung sei, daß es zwecklos sei, sich der Mitarbeit im Vorparlament zu entziehen, da man sich doch anschicke, die linken Bänke im Parlament einzunehmen. Man sollte die demokratische Revolution durchführen und sich zur sozialistischen „vorbereiten". Aber wie vorbereiten? Durch die Lehren des bürgerlichen

Parlamentarismus; denn die vorgeschritteneren Länder zeigen den Zurückgebliebenen ihre zukünftige Gestaltung. Der Sturz des Zarismus wird auf revolutionärem Wege gedacht – was ja auch den Tatsachen entspricht – die Eroberung der Macht durch das Proletariat aber wird parlamentarisch erfaßt; sie hat nach erfolgter Demokratisierung vor sich zu gehen. Zwischen der bürgerlichen und der proletarischen Revolution müssen viele Jahre einer demokratischen Regierung liegen. Der Kampf um den Eintritt in das Vorparlament war der Kampf um die „Europäisierung" der Arbeiterbewegung, um die schnellere Einführung dieser Bewegung in den demokratischen Kampf um die „Eroberung der Macht", d.h. in das Strombett der Sozialdemokratie. Die Zusammensetzung der Fraktion auf der demokratischen Konferenz, welche mehr als hundert Mitglieder zählte, unterschied sich in nichts von der Zusammensetzung auf den damaligen Parteikonferenzen. Die Mehrzahl der Fraktion war für den Eintritt in das Vorparlament. Diese Tatsache allein war besorgniserregend und Lenin schlug von diesem Moment an auch tatsächlich unablässig Alarm. In den Tagen der demokratischen Konferenz schrieb er:

„Es wäre der größte Fehler und parlamentarischer Kretinismus, wollten wir die demokratische Konferenz als Parlament ansehen; denn selbst, wenn sie sich auch als Parlament, als souveränes Parlament der Revolution proklamieren würde, könnte sie in Wirklichkeit dennoch nichts entscheiden: die Entscheidung liegt anderswo, in den Arbeiterquartieren von Petersburg und Moskau." (Band 14, Teil 2, Seite 138)

Wie Lenin die Teilnahme oder das Fernbleiben vom Vorparlament einschätzte, geht aus vielen Äußerungen hervor, im besonderen aus einem Briefe in das Zentralkomitee vom 29. September, in welchem er von *„solchen schreienden Fehlern"* der Bolschewisten spricht, wie *„der schimpfliche Entschluß, im Vorparlament teilzunehmen!"* Für ihn war es klar, daß diese Entscheidung von denselben demokratischen Illusionen und kleinbürgerlichen Schwankungen ausging, die er stets bekämpfte, indem er ihnen seine Auffassung der proletarischen Revolution gegenüberstellte. Es ist nicht wahr, daß zwischen der bürgerlichen und der proletarischen Revolution viele Jahre liegen müssen. Es ist nicht wahr, daß die einzige oder grundlegende oder obligatorische Schule für die Vorbereitung zur Eroberung der Macht die parlamentarische Erfahrung sein muß. Es ist auch nicht wahr, daß der Weg zur Macht nur über die bürgerliche Demokratie führt. Das sind alles hohle Abstraktionen, doktrinäre Schemen, deren politische Aufgabe darin liegt, den proletarischen Vortrupp an Händen und Füßen zu fesseln und ihn durch die „demokratische" Staatsmechanik in einen oppositionellen Schatten der Bourgeoisie zu verwandeln. Denn das ist die Sozialdemokratie.

Die Politik des Proletariats darf nicht nach einem feststehenden Programm, sondern nur von den realen Forderungen des Klassenkampfes geleitet werden. Es gilt nicht, in das Vorparlament einzutreten, sondern den Aufstand zu organisieren und die Macht an sich zu reißen. Das andere wird sich dann schon finden. Lenin schlug sogar die Einberufung eines außerordentlichen Parteitages vor, auf dem der Boykott des Vorparlamentes als Grundforderung auf der Tagesordnung stehen sollte. Von jetzt ab wiederholt er in allen Briefen und Aufsätzen immer das eine: nicht in das Vorparlament, als „revolutionärer" Schwanz des opportunistischen Blocks; sondern auf die Straße, zur Eroberung der Macht!

Vom Oktoberumsturz

Die Notwendigkeit, den außerordentlichen Kongreß einzuberufen, erwies sich nicht. Der Druck, den Lenin ausübte, führte zu einer Linksschwenkung der Kräfte, sowohl im Zentralkomitee als auch in der Fraktion im Vorparlament. Die Bolschewisten schieden am 10. Oktober aus. In Petrograd entbrannte ein Konflikt zwischen den Sowjets und der Regierung, veranlaßt durch die Absendung der bolschewistischen Truppenteile an die Front. Am 16. Oktober wurde ein kriegsrevolutionäres Komitee als legales Sowjetorgan des Aufstandes gegründet. Der rechte Flügel der Partei war bestrebt, den Gang der Ereignisse aufzuhalten. Der Kampf der verschiedenen Tendenzen innerhalb der Partei und der Kampf der Klassen tritt in die entscheidende Phase ein. Die Stellung des rechten Flügels der Partei wird vor allem am vollständigsten und auch am prinzipiellsten beleuchtet in einem Brief *Zur gegenwärtigen Lage*, der die Unterschrift Sinowjews und Kamenews trägt. In dem Briefe, der am 11. Oktober, d.h. zwei Wochen vor dem Umsturz geschrieben und an die wichtigsten Parteiorganisationen versandt wurde, wird entschieden gegen den bewaffneten Aufstand aufgetreten. Der Entschluß zum bewaffneten Aufstand ist vom Zentralkomitee gefaßt worden. Der Brief warnt davor, die Kräfte des Gegners zu unterschätzen, unterschätzt aber ungeheuerlich die Kräfte der Revolution und verleugnet sogar die Kampfstimmung der Massen (zwei Wochen vor dem 25. Oktober!) Es heißt dort:

„Wir sind der festen, unerschütterlichen Überzeugung, daß ein bewaffneter Aufstand jetzt, im gegenwärtigen Augenblick nicht nur das Schicksal unserer Partei besiegeln würde, sondern auch das Schicksal der russischen und der Weltrevolution."

Aber wenn kein Aufstand und keine Besitzergreifung der Macht – was sollte dann geschehen? Der Brief gibt auch auf diese Frage eine klare und eindeutige Antwort:

„Durch die Armee und die Arbeiter halten wir der Bourgeoisie den

Revolver an die Schläfe", und unter dieser Bedrohung kann sie nicht die konstituierende Versammlung vernichten. *„Die Aussichten unserer Partei zu den Wahlen zur konstituierenden Versammlung sind hervorragend; der Einfluß des Bolschewismus wächst. Bei richtiger Taktik können wir ein Drittel, ja vielleicht auch noch mehr Sitze in der konstituierenden Versammlung erhalten. "*

Wir sehen also, daß in dem Brief offen das Bestreben angegeben wird, zu einer einflußreichen Opposition in der bürgerlichen konstituierenden Versammlung zu kommen. Dieses rein sozialdemokratische Bestreben wird durch folgende Überlegungen maskiert:

„Die Sowjets, die ins Leben hineinwachsen, können nicht vernichtet werden; nur auf sie kann sich auch die konstituierende Versammlung in ihrer revolutionären Arbeit stützen. Sie und die Räte sind der kombinierte Typ der staatlichen Einrichtungen, zu dem wir gelangen. "

Es ist besonders interessant und charakteristisch für die Gesamtauffassung der Rechten, daß die Theorie von der *„kombinierten Staatsform"* 1½–2 Jahre später von Rudolf Hilferding in Deutschland wiederholt worden ist, welcher ebenso gegen die Besitzergreifung der Macht durch das Proletariat kämpfte. Der deutsch-österreichische Opportunist wußte nicht, daß er ein Plagiat beging.

In dem Brief *Zur gegenwärtigen Lage* wird die Tatsache, daß hinter uns der größte Teil des russischen Volkes stand, bestritten, wobei die Mehrheit rein parlamentarisch genommen und abgeschätzt wird.

„In Rußland sind für uns die Mehrheit der Arbeiter" heißt es in dem Briefe *„und ein großer Teil der Soldaten; alles übrige ist aber fraglich. Wir sind zum Beispiel alle davon überzeugt, daß, wenn es zu den Wahlen für die konstituierende Versammlung kommt, die Mehrzahl der Bauern für die Sozial-Revolutionäre stimmen wird. Ist das Zufall?"*

In einer solchen Fragestellung liegt der Grundfehler, das Mißverstehen der Tatsache, daß die Bauern wohl ein großes revolutionäres Interesse und einen festen Willen haben, im Sinne dieser Interessen zu handeln, aber keinen eigenen politischen Standpunkt besitzen. Sie können entweder für die Bourgeoisie stimmen, durch die Vermittlung ihrer sozialrevolutionären Agentur oder sich aktiv dem Proletariat anschließen. Gerade von unserer Politik hing es ab, welche dieser Möglichkeiten sich verwirklichen würde. Gehen wir ins Parlament, um dort einen oppositionellen Einfluß zu gewinnen (ein Drittel der Sitze oder mehr), so drängen wir, fast mechanisch, die Bauern in die Lage, in der sie die Wahrung ihrer Interessen durch die konstituierende Versammlung suchen und zwar nicht durch die Opposition, sondern durch die Mehrheit. Umgekehrt würde die Besitzergreifung der Macht durch das Proletariat unverzüglich den revolutionären Rahmen für den Kampf der Bauern gegen die Gutsbesitzer und Beamten schaffen. Wenn wir die damals bei uns gerade in dieser Frage so gebräuchlichen Ausdrücke verwenden, so wird in dem Briefe die Bauernschaft gleichzeitig „überschätzt" und „unterschätzt". Unterschätzt wurden die revolutionären Möglichkeiten (bei proletarischer Führung), überschätzt die politische Selbständigkeit. Dieser doppelte Fehler, die Unter- sowohl wie die Überschätzung der Bauernschaft zur selben Zeit, fließt seinerseits aus der Unterschätzung der eigenen Klasse und ihrer Partei. Das ist der Gesichtspunkt, aus dem heraus die Sozialdemokratie das Proletariat sieht. Hierin liegt nichts Unerwartetes. Alle Schattierungen des Opportunismus führen letzten Endes zu einer falschen Beurteilung der revolutionären Kräfte und der im Proletariat schlummernden Möglichkeiten.

Zur Begründung der Ablehnung der Ergreifung der Macht wird die Partei in diesem Briefe auch mit der Perspektive des Bürgerkrieges erschreckt.

„Die Masse der Soldaten unterstützt uns nicht bei Kriegsparolen, sondern nur unsere Friedensbestrebungen. Würden wir jetzt die Macht übernehmen und kämen durch die allgemeine Lage dazu, einen revolu-

tionären Krieg führen zu müssen, würden die Soldaten unbedingt von uns abfallen. Zu uns halten würden zweifelsohne die besten Teile der Soldatenjugend."

Diese Beweisführung ist im höchsten Grade lehrreich. Wir sehen hier die ausschlaggebenden Erwägungen, die zur Unterzeichnung des Friedens von Brest-Litowsk führten. Hier aber werden diese Argumente gegen die Ergreifung der Macht angewandt. Es ist klar, daß die in dem Briefe *Zur gegenwärtigen Lage* niedergelegten Gedanken den Gleichgesinnten die Annahme des Brest-Litowsker Friedens ungemein erleichterten. Wir können uns hier damit begnügen, zu wiederholen, was wir hierüber an anderer Stelle gesagt haben: nicht die zeitweilige Kapitulation von Brest-Litowsk an sich charakterisiert den politischen Genius Lenin, sondern die Verbindung der Oktoberrevolution mit Brest-Litowsk. Dieses darf nicht vergessen werden.

Die Arbeiterklasse ringt und wächst in dem ständigen Bewußtsein, daß der Gegner ein Übergewicht über sie hat; das äußert sich im täglichen Leben bei jedem Schritt. Der Gegner hat den Reichtum, die Macht, alle Mittel zu reiner ideologischen Beeinflussung, alle Mittel zur Repression. Das allmähliche Sichvertrautmachen mit dem Gedanken, daß der Feind uns an Kräften überlegen ist, bildet einen Bestandteil des Lebens und der Arbeit der revolutionären Partei in ihrer vorbereitenden Epoche. Die Folgen dieser oder jener unvorsichtigen oder verfrühten Aktion vergegenwärtigen jedes Mal in grausamster Weise die Kraft des Gegners. Es kommt dann ein Moment, wo diese Angewohnheit, den Feind als den Stärkeren anzusehen, sich in das Haupthindernis verwandelt auf dem Wege zum Sieg. Die heutige Schwäche der Bourgeoisie wird durch das Bewußtsein ihrer gestrigen Stärke verdeckt. „Ihr unterschätzt die Kraft des Feindes", das ist die Losung, unter der sich alle Gegner des bewaffneten Aufstandes zusammenfinden.

„Jeder, der über den bewaffneten Aufstand reden will", so schrieben die Gegner zwei Wochen vor dem Siege, *„ist verpflichtet, jede*

Möglichkeit nüchtern zu erwägen, und wir halten es für unsere Pflicht, zu sagen, daß der gegenwärtige Moment der allergefährlichste ist im Unterschätzen des Feindes und im Überschätzen der eigenen Kräfte. Die Macht des Feindes ist größer, als es uns erscheint. Petrograd entscheidet und hier gerade haben die Feinde des Proletariats bedeutende Kräfte: fünftausend Junker, die vorzüglich ausgerüstet und organisiert sind und die, dank ihrer Klasseneinstellung, den Kampf nicht scheuen, ferner den Stab, die Stoßtruppen, dann die Kosaken und einen bedeutenden Teil der Garnison, welche im Umkreis von Petrograd liegt. Außerdem werden die Gegner versuchen und zwar mit Hilfe des Zentral-Exekutivkomitees, von der Front Truppen heranzuführen." (Zur gegenwärtigen Lage)

Es versteht sich, daß im Bürgerkrieg, wo es nicht auf bloße Zählung der Bataillone, sondern auf das Abwägen ihrer mutmaßlichen Einstellung ankommt, die Beurteilung der Kräfteverhältnisse eine schwierige und unzureichende sein muß. Selbst Lenin nahm an, daß der Feind in Petrograd über bedeutende Kräfte verfügte und erwog deshalb, den Aufstand in Moskau einzuleiten, wo er sich seiner Ansicht nach ohne Blutvergießen vollziehen würde. Derartige Fehler in der Vorausbestimmung sind nicht zu vermeiden, selbst bei den günstigsten Verhältnissen, und es ist richtiger, auf jeden Fall eine weniger günstige Lage anzunehmen. Was uns aber in diesem Falle interessiert, ist die unglaubliche Überschätzung des Gegners, bis zur völligen Verzerrung der Verhältnisse in einer Lage, wo der Feind in Wirklichkeit über eine bewaffnete Macht nicht mehr verfügte.

Diese Frage ist, wie die Erfahrung in Deutschland bewiesen hat, von sehr großer Bedeutung. Solange die Parole des Aufstandes für die Führer der deutschen kommunistischen Partei eine vorwiegend – wenn nicht ausschließlich agitatorische Bedeutung hatte, haben diese die Frage von der bewaffneten Macht des Feindes (Reichswehr, faschistische Verbände, Polizei) einfach ignoriert. Ihnen schien, daß bei der ständig anwachsenden revolutionären Bewegung die militärische Aufgabe von selbst gelöst werden würde. Als aber dieses Problem in den Vordergrund rückte, haben die Genossen, die bis dahin die bewaffneten Kräfte des Feindes als nicht existierend angesehen hatten, den neuen Fehler begangen, diese Kräfte zu überschätzen. Sie nahmen die Angaben über die Zahl der bewaffneten Streitkräfte der Bourgeoisie für vollwertig und sie summierten sie mit den Kräften der Reichswehr und der Polizei, rundeten sie nach oben ab (bis zu einer halben Million und mehr) und erhielten so eine kompakte, bis an die Zähne bewaffnete Macht, die vollständig ausreichend war, ihre eigenen Anstrengungen zu paralysieren. Fraglos waren die deutschen gegenrevolutionären Kräfte bedeutend und vor allem viel besser organisiert und vorbereitet als unsere Kornilow'schen Truppen. Aber auch die aktiven Kräfte der deutschen Revolution sind andere. Das Proletariat stellt die überwiegende Zahl der Bevölkerung Deutschlands dar. Bei uns entschieden, wenigstens in der ersten Zeit, stets Petrograd und Moskau: in Deutschland hätte der Aufstand sogleich mächtige Revolutionsherde. Von diesem Gesichtspunkte aus betrachtet hätten die bewaffneten Kräfte des Feindes gar nicht so etwas Überwältigendes wie in der statistischen Aufstellung mit ihrer Abrundung nach oben. Vor allem muß man kategorisch jene tendenziösen Berechnungen, welche nach dem mißglückten „deutschen Oktober" gemacht worden sind und gemacht werden, ablehnen. Sie sollen dazu dienen, die Politik zu rechtfertigen, die zum Fehlschlag geführt hat. Unser russisches Beispiel hat in dieser Beziehung eine nicht zu ersetzende Bedeutung. Zwei Wochen vor unserem unblutigen Siege in Petrograd – wir hätten ihn auch schon zwei Wochen eher haben können – sahen die erfahrenen Politiker unserer Partei die Junker gegen uns, die sich zu schlagen wünschten und zu schlagen verstanden und die Stoßtruppe und die Kosaken und den größten Teil der Garnison und die Artillerie, die uns einschloß und die heranrückenden Fronttruppen. In Wahrheit war nichts vorhanden, aber gar nichts. Stellen wir uns jetzt vor, in der Partei und im Zentralkomitee hätten die Gegner des bewaffneten Aufstandes gesiegt. Wer dann die Führung in dem Bürgerkriege innegehabt hätte, ist völlig klar: die Revolution wäre im voraus besiegt worden, wenn nicht Lenin gegen das Zentralkomitee an die Partei appelliert haben würde, was er zu tun vor hatte und auch fraglos haben würde und zwar mit Erfolg. Aber nicht jede Partei wird bei entsprechenden Verhältnissen über einen Lenin verfügen ... Es ist nicht schwer, sich vorzustellen, wie die geschichtliche Darstellung gelautet hätte, wenn im Zentralkomitee die Strömung gesiegt hätte, die den Kampf ablehnte. Die offiziösen Geschichtsschreiber hätten die Geschehnisse im Oktober 1917 als Wahnsinn dargestellt, hätten dem Leser überwältigende statistische Angaben über die Zahl der Junker, der Stoßtruppen, der Artillerie und der Korps, die von der Front heranrückten, gemacht und diese Kräfte als weit erschreckender hingestellt als sie in Wirklichkeit waren. Das ist die Lehre, die man in das Bewußtsein jedes Revolutionärs eingravieren müßte!

Das unablässige, unermüdliche Drängen Lenins auf das Zentralkomitee in den Monaten September und Oktober war hervorgerufen durch seine ständige Besorgnis, daß wir den richtigen Moment verpassen könnten. Unsinn – sagten die Rechten – unser Einfluß wird ständig wachsen. Wer hatte Recht gehabt? Und was heißt das: den Augenblick verpassen? Hier treten wir an die Frage heran, wie die bolschewistische Beurteilung des Weges und der Methode der Revolution eine aktive, strategische und tatkräftige ist und im Gegensatz zur sozialdemokratischen, menschewistischen steht, die ganz erfüllt ist vom Fatalismus. Was heißt es, den Moment verpassen? Die allergünstigste Vorbedingung für einen Aufstand ist dann vorhanden, wenn das Kräfteverhältnis sich zu unseren Gunsten verschiebt. Es versteht sich, daß hier die Rede ist von dem Verhältnis der Kräfte im Bereich des Bewußtseins, das heißt, des politischen Überbaues, nicht aber von der Basis, die man in der Epoche der Revolution als mehr oder weniger unabänderlich annehmen kann. Auf ein und derselben ökonomischen Basis, bei gleicher Klassenscheidung der Gesellschaft ändert sich das Kräfteverhältnis, hervorgerufen durch die Einstellung der proletarischen Masse, die Zerstörung ihrer Illusionen, die Anhäufung der politischen Erfahrung, die Erschütterung des Vertrauens der Zwischenklassen und Gruppen in die Staatsgewalt und schließlich durch das Verschwinden des Vertrauens dieser letzteren zu sich selbst. In der Revolution sind das alles sich schnell folgende Prozesse. Die ganze taktische Kunst besteht darin, den Moment zu erfassen, wo die Gesamtheit der Bedingungen für uns am günstigsten ist. Der Kornilow'sche Aufstand schuf diese Vorbedingungen. Die Massen, die das Vertrauen zu den Parteien der Sowjetmehrheit verloren hatten, sahen die konkrete Gefahr der Gegenrevolution. Sie glaubten, daß jetzt die Bolschewisten berufen seien, diese Gefahr zu bannen. Weder der elementare Zerfall der Staatsgewalt noch der Zustrom der ungeduldigen Massen zu den Bolschewisten konnte ein Dauerzustand sein, die Krisis mußte nach dieser oder jener Richtung entschieden werden. *„Jetzt oder nie"* - wiederholte Lenin.

Darauf antwortete die Rechte:

„Es würde eine große geschichtliche Unwahrheit sein, wollte man die Frage des Überganges der Macht in die Hände des Proletariats so stellen: jetzt oder nie. Nein! Die Partei des Proletariates wird wachsen, ihr Programm wird immer weiteren Volksschichten vertraut werden und nur ein Umstand könnte diese Erfolge vernichten: wenn die Partei unter den gegenwärtigen Verhältnissen die Macht ergreift. Einer solch' verhängnisvollen Politik gegenüber müssen wir warnend unsere Stimme erheben." (Zur gegenwärtigen Lage)

Dieser fatalistische Optimismus muß auf das genaueste erforscht werden. Er enthält keine nationale Eigentümlichkeit, noch zeichnet er sich durch Individualität aus. Eine gleiche Tendenz haben wir voriges Jahr in Deutschland beobachten können. In Wahrheit verbirgt sich hinter diesem abwarten-

den Fatalismus eine Unentschlossenheit und sogar eine Un-
fähigkeit zum Handeln. Doch wird sie hinter der tröstenden
Prognose versteckt: wir werden immer einflußreicher, je weiter wir kommen und unsere Kraft wird immer noch wachsen! Ein großer Irrtum! Die revolutionäre Kraft einer Partei
wächst nur bis zu einem gewissen Momente; dann kann der
Prozeß sich in das Gegenteil verwandeln. Die Erwartungen
der Massen werden, infolge der Passivität der Partei, durch
Enttäuschungen ersetzt, während der Feind sich zu derselben Zeit von der Panik erholt und diese Enttäuschung aus-
nutzt. Einen so entscheidenden Umschwung haben wir in
Deutschland 1923 beobachten können. Wir waren von einer
ähnlichen Wendung im Herbst 1917 nicht weit entfernt. Es
hätte genügt, wenn wir noch ein paar Wochen hätten ver-
streichen lassen. Lenin hatte Recht: Jetzt oder nie!

*„Die entscheidendste Frage aber − so treten die Gegner des bewaffneten
Aufstandes mit ihrem letzten und stärksten Argumente hervor − ist
die: ist die Stimmung unter den Arbeitern und Soldaten wirklich eine
solche, daß sie eine Rettung nur noch im Straßenkampf sehen? Nein,
so ist die Stimmung nicht. Das Vorhandensein einer Kampfesstimmung unter den tiefen Schichten der armen Bevölkerung der Hauptstadt, einer Kampfesstimmung, die sie auf die Straße treibt, könnte
noch die Garantie dafür geben, daß ihr Beispiel auch die großen und
wichtigen Organisationen (Eisenbahn und Post) mit sich reißen würde,
in denen der Einfluß unserer Partei ein geringer ist. Da aber eine solche
Stimmung sogar in den Fabriken und Kasernen nicht vorhanden ist,
ist es Selbstbetrug, wollte man hierauf irgendwelche Erwartungen bau-
en.“ (Zur gegenwärtigen Lage)*

Diese Zeilen, die am 11. Oktober geschrieben wurden, erhalten eine besondere Bedeutung, wenn man sich dessen er-
innert, daß auch die deutschen Genossen zur Erklärung ihres kampflosen Rückzuges im vorigen Jahr (1923) die
Kampfunlust der Massen angeführt haben. Der Sieg des
Aufstandes ist eben dann am wahrschenlichsten, wenn die
Massen Zeit gefunden haben, genügende Erfahrungen zu

sammeln, sich nicht kopflos in den Kampf stürzen, sondern ruhig abwarten und eine entschlossene und verständige Kampfführung fordern. Im Oktober 1917 hatte sich in den Arbeitermassen, wenigstens in den führenden Schichten, die feste Erkenntnis Bahn gebrochen und zwar auf Grund der Erfahrung im Aprilaufstand, in den Julitagen, in den Kornilowkämpfen, daß es sich nicht mehr um einzelne elementare Proteste handeln konnte, um Rekognoszierung, sondern um den entscheidenden Aufstand zur Ergreifung der Macht. Die Stimmung der Massen wurde dementsprechend konzentrierter, kritischer und vertiefter. Der Übergang von einer lebensfreudigen Stimmung, erfüllt von Illusionen zur kritischen Bewußtheit hält das Tempo der Revolution unabwendbar auf. Diese progressive Krisis in der Stimmung der Massen kann nur durch eine entsprechende Politik der Partei überwunden werden, d.h. – vor allem durch ihre Bereitschaft und ihre Eignung zur Führung des proletarischen Aufstandes. Umgekehrt wird eine Partei, die lange revolutionäre Agitation getrieben hat, um die Massen dem Einfluß der Opportunisten zu entziehen, die Aktivität der Massen paralysieren, in ihnen Enttäuschungen und Zerfall hervorrufen, die Revolution vernichten, wenn sie, nachdem sie durch das Vertrauen ihrer Anhänger emporgehoben wurde, zu schwanken, klügeln, lavieren und abzuwarten anfängt. Nach dem Durchfall ist ihr dann die Möglichkeit gegeben, sich auf die mangelnde Aktivität der Massen zu berufen! Auf diesen Weg führte uns der Brief „Zur gegenwärtigen Lage". Zum Glück hat unsere Partei unter Lenins Führung entschlossen derartige Strömungen in der Führung liquidiert. Nur dank diesem Umstande hat sie den Umsturz siegreich durchgeführt.

Nachdem wir nun den Kernpunkt der politischen Fragen, welche mit der Vorbereitung der Oktoberrevolution in Zusammenhang stehen, charakterisiert und uns bemüht haben, die Meinungsverschiedenheiten darzulegen, die auf dieser Basis entstanden, bleibt uns noch die Feststellung der wichtigsten Momente des innerparteilichen Kampfes in den letzten entscheidenden Wochen.

Die Entscheidung über den bewaffneten Aufstand fiel im Zentralkomitee am 10. Oktober. Am 11. erhielten die wichtigsten Parteiorganisationen das oben dargelegte Schreiben *Zur gegenwärtigen Lage.* Am 18. Oktober, d.h. eine Woche vor dem Umsturz erschien in der *Nowaja Schisn* ein Brief von Kamenew:

„Nicht nur ich, sondern auch der Genosse Sinowjew sowie eine Reihe anderer Genossen finden es nicht zulässig, jetzt die Initiative zum bewaffneten Aufstand zu ergreifen; denn bei der gegenwärtigen Lage, bei dem augenblicklichen Kräfteverhältnis und wenige Tage vor dem Sowjetkongreß wäre das unzulässig und verhängnisvoll für das Proletariat und für die Revolution". (**Nowaja Schisn**, Nr.156, 18. Oktober 1917).

Am 25. Oktober wurde in Petrograd die Macht ergriffen und die Sowjetregierung geschaffen. Am 4. November trat eine Reihe verantwortlicher Mitarbeiter aus dem Zentralkomitee der Partei und dem Rat der Volkskommissare aus und stellte die ultimative Forderung, aus den Sowjetparteien eine Koalitionsregierung zu bilden. *„Außer dieser"* schrieben sie, *„gibt es nur eine Möglichkeit: die Aufrichtung einer rein bolschewistischen Regierung durch die Mittel des politischen Terrors."* In einem anderen Dokument jener Tage heißt es:

„Wir können nicht die Verantwortung für diese verhängnisvolle Politik des Zentralkomitees tragen, welche gegen den Willen eines großen Teiles des Proletariates und der Soldaten, die auf die schnellste Einstellung des Blutvergießens zwischen den einzelnen Teilen der Demokratie drängen, durchgeführt wird. Wir legen aus diesem Grunde das Mandat als „Mitglieder des Zentralkomitees" nieder, um das Recht zu haben, offen den Massen unsere Meinung zu sagen und die Soldaten und Arbeiter aufzurufen mit der Losung: ‚Es lebe die Regierung der Sowjetparteien! Sofortige Verständigung auf dieser Grundlage!'" (Oktoberrevolution, **Archiv der Revolution 1917**, Seite 407-410).

Diejenigen also, die gegen den Aufstand als gegen ein Abenteuer waren, traten, als sie den siegreichen Verlauf sahen, dafür ein, daß die Macht wieder den Parteien zurückgegeben werde, denen das Proletariat sie entrissen hatte.

Aus welchem Grunde sollte nun die erfolggekrönte bolschewistische Partei den Menschewisten und den Sozial-Revolutionären die Macht wieder zurückgeben – der Streit ging doch eben um die Rückgabe der Macht! Darauf antwortete die Opposition:

Die Oktoberrevolution und die „Legalität" der Sowjets

Im September, in den Tagen der demokratischen Konferenz, forderte Lenin den unmittelbaren Übergang zum Aufstand:

„Um uns zum Aufstand im Sinne von Marx zu stellen, das heißt, wie zu einer Kunst, müssen wir, ohne Zeit zu verlieren, sogleich damit beginnen, daß wir einen Stab der Revolution bilden, die vorhandenen Truppen richtig verteilen, die zuverlässigsten Regimenter an die wichtigsten Punkte heranführen, die Peter-Pauls-Festung einnehmen, den Generalstab und die Regierung gefangen setzen, und solche Truppen gegen die Junker und die wilden Divisionen senden, die imstande sind, für ihre Sache zu kämpfen und nie dem Feinde die Möglichkeit geben, das Stadtzentrum einzunehmen. Wir müssen die bewaffneten Arbeitermassen mobilisieren, sie zur letzten und entscheidenden Schlacht führen, sofort die Telephon- und Telegraphenämter besetzen, unseren Stab bei den Telephonstationen unterbringen, von dort aus telefonisch die Verbindung mit allen Regimentern und Fabriken, mit allen Kampfstellen herstellen usw. Das ist natürlich nur beispielsweise gemeint, nur zur Illustration dessen, daß man im gegebenen Moment dem Marxismus und der Revolution nicht treu sein kann, ohne sich zu dem Aufstand wie zu einer Kunst zu stellen" (Band 14, Teil 2, Seite 140).

Eine solche Fragestellung setzte voraus, daß die Vorbereitung zum Umsturz und dieser selbst durch die Partei und in ihrem Namen geschehe und erst der Sieg vom Sowjetkongreß besiegelt werde. Das Zentralkomitee nahm jedoch diesen Vorschlag nicht an. Der Aufstand wurde in das Fahrwasser der Sowjets geleitet und agitatorisch mit dem zweiten Sowjetkongreß verbunden. Dieser Zwiespalt erfordert eine ausführliche Erklärung, denn obwohl er keine Prinzipienfrage, sondern eher technischer Art ist, bleibt er doch von großer praktischer Bedeutung. Wir haben bereits dargestellt, mit welch' angespannter Unruhe sich Lenin zu einer Verschleppung des Aufstandes verhielt. Auf Grund der Schwankungen, die sich bei den Spitzen der Partei zeigten, mußte ihm die Agitation, welche den Umsturz mit dem zweiten Sowjet-kongreß verband, ein unzulässiges Hinausschieben bedeuten, eine Unentschlossenheit, die an Verbrechen grenzte. Zu diesem Gedanken kehrte Lenin von Ende September an immer wieder zurück.

„Bei uns im Zentralkomitee und bei den Spitzen der Partei – schrieb er am 29. September – herrscht die Strömung und die Meinung, lieber den Sowjetkongreß abzuwarten, als die Macht sofort zu ergreifen. Diese Strömung und Meinung muß bekämpft werden."

Anfang Oktober schreibt Lenin: *„Zögern ist ein Verbrechen, den Sowjetkongreß abwarten, ein kindisches Spiel mit dem Formalismus, ein Verrat der Revolution."* – In den Thesen zur Petersburger Konferenz sagt Lenin am 8. Oktober: *„Die konstitutionellen Illusionen und die Erwartungen, die an den Sowjetkongreß gestellt werden, müssen bekämpft werden. Man muß auf den Gedanken verzichten, den Sowjetkongreß unbedingt abwarten zu wollen."* – Endlich, am 24. Oktober, schreibt er:

„Es ist mehr als klar, daß jetzt in Wahrheit jeder Aufschub, jede Verzögerung des Aufstandes seinem Tode gleich ist" – und weiter: *„Die Geschichte würde den Revolutionären eine Verzögerung nie verzeihen, die heute siegen können (und ganz gewiß heute siegen werden) während sie morgen vieles, ja alles verlieren können."*

Alle diese Briefe, in denen jedes Wort auf dem Amboß der Revolution geschmiedet wurde, sind von außergewöhnlichem Interesse für die Charakteristik Lenins und die Beurteilung der Lage. Der durchgehende Grundgedanke in ihm ist die Empörung, der Protest und die Verachtung der fatalistischen, abwartenden, sozialdemokratischen, menschewistischen Einstellung zur Revolution. Wenn die Zeit an und für sich ein wichtiger Faktor in der Politik ist, so wächst ihre Bedeutung hundertfach im Kriege und in der Revolution. Man kann nicht alles, was man heute tun kann, auch morgen tun. Ein Aufstand, die Niederringung des Feindes, die Eroberung der Macht kann heute möglich sein, morgen aber unmöglich. Mit der Aneignung der Macht ändert man den Lauf der Geschichte – kann denn ein so bedeutendes Ereignis auch von 24 Stunden abhängen? Ja, es kann; wenn die Entwicklung der Dinge zur bewaffneten Erhebung führt, wird nicht mehr mit dem großen Maß der Politik, sondern mit dem kleinen des Krieges gemessen. Die Verzögerung um eine Woche, um einen Tag, ja, um eine Stunde, kann unter gewissen Verhältnissen den Mißerfolg der Revolution, die Kapitulation, herbeiführen. Wenn die Lenin'sche Erregung, der Druck, die Kritik, dieses unausgesetzte revolutionäre Mißtrauen nicht gewesen wäre, hätte die Partei wohl kaum die Front im entscheidenden Moment aufgerollt; denn der Widerstand in den Spitzen der Partei war ein sehr großer und von der Führung im Krieg sowohl als im Bürgerkrieg hängt alles ab.

Es ist aber auch klar, daß die Vorbereitungen zum Aufstand durch die Vorbereitungen zum zweiten Sowjetkongreß verdeckt wurden, unter dem Vorwande, dieser müsse geschützt werden, was uns einen ungeheuren Vorteil in die Hände gespielt hatte. Mit dem Moment, da wir, der Petrograder Sowjet, gegen Kerenskis Befehl, zwei Drittel der Garnisonstruppen an die Front zu schicken, protestierten, traten wir de facto in den bewaffneten Aufstand ein. Lenin, der sich außerhalb Petrograds befand, hat diesen Umstand nicht in seiner ganzen Bedeutung erkannt. In allen seinen Briefen aus jener Zeit erwähnt er dieses Ereignis, soweit ich mich entsinne, mit keinem Wort. Und doch war der Ausgang des Aufstandes vom 25. Oktober zu drei Viertel, wenn nicht mehr, in dem Moment entschieden, als wir uns der Absendung der Truppen entgegenstemmten, das kriegsrevolutionäre Komitee bildeten (16. Oktober), in allen Truppenteilen und Organisationen unsere Kommissare ernannten und dadurch nicht nur den Stab des Petrograder Militärbezirkes, sondern auch die Regierung gänzlich isolierten. Wir hatten es in Wirklichkeit mit einem bewaffneten, wenn auch unblutigen, Aufstand der Petrograder Regimenter gegen die provisorische Regierung zu tun, der unter der Leitung des kriegsrevolutionären Komitees stand und angeblich die Aufgabe hatte, den zweiten Sowjetkongreß, auf dem das Schicksal der Regierung entschieden werden sollte, zu schützen. Lenins Vorschlag, den Aufstand in Moskau zu beginnen, wo er seiner Meinung nach einen unblutigen Verlauf nehmen würde, entsprang dem Umstand, daß er aus seinem Versteck heraus den großen Umschwung nicht übersehen konnte, der nicht nur in der Stimmung, sondern auch in den organisatorischen Zusammenhängen, in der militärischen Subordination und Hierarchie nach der „stillen" Empörung der hauptstädtischen Garnisonen Mitte Oktober sich vollzogen hatte. Mit dem Moment, da die Bataillone auf den Befehl des kriegsrevolutionären Komitees sich weigerten, die Stadt zu verlassen und sie auch nicht verließen, hatten wir in der Hauptstadt einen siegreichen Aufstand, dessen Umrisse die Überbleibsel der bürgerlich-demokratischen Staatsform kaum noch zu verbergen vermochten. Der Aufstand am 25. Oktober hatte nur einen ergänzenden Charakter, darum vollzog er sich auch so schmerzlos. Im Gegensatz hierzu nahm der Kampf in Moskau einen langwierigeren und blutigen Verlauf, ungeachtet dessen, daß in Petrograd bereits die Macht der Volkskommissare sich befestigt hatte. Es ist offensichtlich, daß, wenn der Aufstand in Moskau eingeleitet worden wäre, dieser einen noch langwierigeren Verlauf genommen hätte und sein Ausgang sehr fraglich gewesen wäre. Ein Mißerfolg in Moskau hätte für Petrograd die schwersten Folgen gehabt. Ein Sieg wäre auch dann nicht ausgeschlossen gewesen, aber der Weg, auf dem sich die Ereignisse wirklich vollzogen, erwies sich als bedeutend ökonomischer, vorteilhafter und siegreicher.

Wir hatten mehr oder weniger die Möglichkeit, den Zeitpunkt der Eroberung der Macht dem Moment des Zusammentrittes des zweiten Sowjetkongresses anzupassen nur deshalb, weil der „stille", fast „legale" bewaffnete Aufstand zum mindesten in Petrograd zu dreiviertel, wenn nicht gar zu neun Zehntel durchgeführt war. Wir nennen diesen Aufstand „legal" in dem Sinne, daß er sich aus der „normalen"

Situation einer Doppelregierung ergab, während der Herrschaft der Opportunisten. Schon im Petrograder Sowjet war es öfter vorgekommen, daß die Sowjets die Entscheidungen der Regierung überprüften oder diese korrigierten. Das lag in der Verfassung des Regimes, das in der Geschichte das Kerenskische genannt wird. Als wir Bolschewisten im Petrograder Sowjet die Macht antraten, haben wir die Methoden dieser Doppelregierung nur fortgesetzt und vertieft. Wir haben die Kontrolle des Abmarschbefehls der Regierung an die Garnison zu unserer Aufgabe gemacht. Damit hatten wir durch die Traditionen und Gepflogenheiten der legalisierten Doppelregierung den tatsächlichen Aufstand der Petrograder Garnison maskiert. Aber nicht nur das: indem wir in der Agitation die Frage der Machtergreifung mit dem Zeitpunkt des zweiten Sowjetkongresses verknüpften, haben wir die Traditionen der Doppelregierung entwickelt und vertieft und damit den Rahmen der sowjetistischen Legalität für den bolschewistischen Aufstand im allrussischen Maßstab vorbereitet.

Wir haben die Massen nicht mit konstitutionellen Sowjetillusionen eingeschläfert, denn unter der Losung des Kampfes für den zweiten Kongreß gewannen wir und gliederten uns organisatorisch die Waffen der revolutionären Armee an. Außerdem glückte es uns, in größerem Maße, als wir erwartet hatten, unsere Feinde, die Opportunisten, in die Falle der Legalität zu treiben. Politische Schlauheit anzuwenden, ist immer gefährlich, besonders aber während einer Revolution. Es ist bei weitem nicht sicher, daß man den Feind betrügt, aber man richtet Verwirrung in den Massen an, die man führt. Wenn uns unsere „Schlauheit" bis zu 100 Prozent glückte, so nur deshalb, weil sie nicht von Strategen, die den Bürgerkrieg umgehen wollten, ausgeklügelt war, sondern weil sie aus den Bedingungen der fortschreitenden Zersetzung innerhalb des opportunistischen Regimes natürlicherweise entsprang, aus ihren schreienden Widersprüchen. Die provisorische Regierung wollte die Truppen der Garnison loswerden. Die Soldaten wollten nicht an die Front gehen. – Wir haben dieser natürlichen Weigerung einen politischen Ausdruck, ein revolutionäres Ziel, einen „legalen" Deckmantel gegeben. Damit erzielten wir eine seltene Einigkeit innerhalb der Garnison und verbanden sie mit den Petrograder Arbeitern. Umgekehrt neigten unsere Gegner dazu, bei der Hoffnungslosigkeit und Verzwicktheit ihrer Lage, den Schein für Wirklichkeit zu nehmen. Sie wollten betrogen sein und wir gaben ihnen diese Möglichkeit.

Zwischen uns und den Opportunisten ging der Kampf um die Legalität. Im Volksbewußtsein waren die Sowjets die Träger der Macht, aus den Sowjets gingen Kerenski, Zeretelli und Skrobelew hervor. Aber auch wir waren mit den Sowjets durch unsere Hauptlosung verbunden: „Alle Macht den Sowjets!" Die Bourgeoisie leitete ihre Rechtsgrundlagen von der Duma ab, die Opportunisten von den Sowjets. Sie hatten die Absicht sie in's Nichts zurückzuführen. Wir aber wollten ihnen alle Macht übertragen. Die Opportunisten konnten den Sowjets Ihre Macht nicht entreißen und vesuchten daraufhin, eine Brücke von Ihnen zum Parlament zu schlagen. Zu diesem Zwecke beriefen sie die demokratische Konferenz und schufen das Vorparlament. Die Beteiligung der Sowjets am Vorparlament schien diesen Weg zu sanktionieren. Die Opportunisten versuchten, die Revolution mit der Angel der Legalität einzufangen, um sie nachher in das Fahrwasser des bürgerlichen Parlamentarismus zu führen.

Aber auch wir waren daran interessiert, diese Sowjetlegalität auszunutzen. Am Schluß der demokratischen Konferenz entrissen wir den Gegnern das Einverständnis, den zweiten Sowjetkongreß einzuberufen. Dieser Kongreß bereitete ihnen viele Schwierigkeiten: einerseits konnten sie sich gegen die Einberufung nicht sträuben, ohne mit der sowjetistischen Legalität zu brechen, andererseits sahen sie, daß der Kongreß ihnen, seiner Zusammensetzung nach, nicht viel Gutes bringen würde. Um so entschiedener traten wir für den zweiten Sowjetkongreß, als der Vertretung des Landes, ein und wir richteten unsere Vorbereitungsarbeiten so ein, daß sie gleichzeitig auch der Unterstützung und dem Schutze des Sowjetkongresses dienten, da man mit Angriffen von seiten der Kontrerevolution zu rechnen hatte. Wenn die Opportunisten uns auf die Sowjetlegalität durch das Vorparlament, das aus den Sowjets hervorgegangen war, festgelegt hatten, so hatten wir sie auf diese Sowjetlegalität hin durch den zweiten Kongreß der Sowjets festgelegt. Die Organisation des bewaffneten Aufstandes unter der Parole: „Ergreifung der Macht durch die Partei", ist eine Sache; die Vorbereitung und spätere tatsächliche Durchführung des Aufstandes mit der Losung: „Verteidigung der Rechte des Sowjetkongresses", sind etwas ganz anderes. Die zeitliche Annäherung des Aufstandes und des zweiten Sowjetkongresses bedeutete demnach nicht, daß wir irgendwelche, wenn auch noch so naive Hoffnungen hegten, der Kongreß könnte die Machtfrage von sich aus entscheiden. Ein solcher Fetischismus der Sowjetform war uns ganz fremd. Die ganze zur Eroberung der Macht erforderliche Arbeit, nicht nur die politische, sondern auch die Organisationsarbeit und die kriegstechnische, vollzog sich im gesteigerten Tempo. Der legale Vorwand war immer der Hinweis auf den bevorstehenden Kongreß, welcher die Lösung der Machtfrage bringen sollte. Wir führten den Angriff auf der ganzen Linie, erweckten aber den Anschein, als handelte es sich um die Verteidigung. Wenn die provisorische Regierung sich wirklich hätte verteidigen wollen, hätte sie den Kongreß verbieten müssen, wodurch sie dem Gegner den für sie ungünstigen Anlaß zum bewaffneten Aufstand gegeben hätte. Wir waren bestrebt, die provisorische Regierung in die mißlichste Lage zu bringen und diese Leute glaubten tatsächlich, es handelte sich für uns um den Sowjetparlamentarismus, um den neuen Kongreß, aus dem eine neue Resolution über die Machtfrage hervorgehen werde, nach dem Beispiel der Moskauer und Petrograder Sowjetresolutionen, nach welcher die Regierung sich auf das Vorparlament und die bevorstehende konstituierende Versammlung berufend, zurücktreten könnte und uns in eine lächerliche Situation versetzen würde. Daß die Gedanken der Weisesten unter den kleinbürgerlichen Weisen sich in dieser Richtung bewegten, bezeugt Kerenski in seinen Erinnerungen. Er erzählt, wie in der Nacht zum 25. Oktober, als der Aufstand bereits in vollem Gange war, heftige Auseinandersetzungen in seinem Kabinett mit Dan und andere fanden. *„Dan sagte mir"* erzählt Kerenski *„daß sie viel besser orientiert seien als ich, und daß ich die Ereignisse überschätzte, unter dem Einfluß meines reaktionären Stabes."* Weiter erklärte er, daß die für die *„Eigenliebe der Regierung"* unangenehme Resolution der Mehrheit der Sowjets der Republik überaus vorteilhaft sei und bedeutsam für den *„Stimmungsumschwung der Massen"*. Der Effekt *„zeige sich"* bereits, so daß der Einfluß der bolschewistischen Propaganda *„schnell schwinden wird"*. Auf der anderen Seite hatten die Bolschewisten − seinen Worten zufolge − in Unterhandlungen mit den Vertretern der Sowjetmehrheit ihre Bereitwilligkeit erklärt, sich der Mehrheit zu fügen und *„morgen schon"* alle Maßnahmen zu ergreifen, um den Aufstand zu ersticken, der *„ohne ihre Einwilligung, ohne ihre Sanktion entstand"*. Zum Schluß erinnerte Dan daran, daß die Bolschewisten *„schon morgen"* (immer morgen!) ihren Militärstab auflösen würden und erklärte mir (Kerenski), daß die von mir eingeleiteten Maßnahmen zur Unterdrückung des Aufstandes *„die Massen nur aufreizen"* würden und ich überhaupt durch *„meine Einmischung"* die *„Vertreter der Sowjetmehrheit störe, erfolgreiche Verhandlungen, die die Liquidation des Aufstandes bezweckten, mit den Bolschewisten zu führen"*. Zur Vervollständigung des Bildes fügt Kerenski hinzu, daß

„Dan diese bedeutsamen Mitteilungen in dem Moment machte, in dem Teile der bewaffneten ‚Roten Garde' die öffentlichen Gebäude besetzten. Zur selben Zeit als Dan mit seinen Freunden das Winterpalais verließ, wurde auf der Millionaja auf dem Heimwege von einer Sitzung der zeitweiligen Regierung der Minister Kartaschew verhaftet und in das Smolny abgeführt, wohin Dan zurückkehrte, um die Friedensver-

handlungen mit den Bolschewisten fortzuführen. Man muß anerkennen, daß die Bolschewisten sehr energisch und nicht weniger geschickt vorgingen. Zur selben Zeit als der Aufstand sich in vollem Gange befand und die ‚roten Heere' in der ganzen Stadt tätig waren, versuchten einige bolschewistische Abgeordnete, die hierzu ausersehen waren, und zwar mit Erfolg, die Vertreter der ‚revolutionären' Demokratie zu betören – diese sahen zwar, aber begriffen nichts, sie hörten, aber sie verstanden nichts. Die ganze Nacht verbrachten die Debattierkünstler mit dem Beraten verschiedener Formeln, welche angeblich das Fundament der Einigung und der Liquidation des Aufstands bilden sollten. Durch diese Methode der ‚Verhandlungen' gewannen die Bolschewisten viel Zeit und die Streitkräfte der Sozialrevolutionäre und Menschewisten konnten nicht rechtzeitig mobilisiert werden. Quod erat demonstrandum!" (A. Kerenski: **Aus der Ferne**, S.197/8.)

Und fürwahr: das war eben zu beweisen. Wie wir aus dieser Darstellung sehen, waren die Opportunisten ganz und gar von der sowjetistischen Legalität befangen. Kerenskis Annahme, daß die Bolschewisten durch besondere Delegierte die Menschewisten und Sozialrevolutionäre in die Irre führten, war de facto nicht richtig. In Wirklichkeit nahmen an den Unterhandlungen diejenigen Bolschewisten teil, die tatsächlich die Liquidation des Aufstandes wünschten und die an der Formel der sozialistischen Regierung, gebildet aus den verschiedenen Parteien, glaubten. Objektiv betrachtet, haben diese Parlamentäre dem Aufstand zweifellos einen gewissen Dienst geleistet, indem sie mit ihren eigenen Illusionen diejenigen des Feindes nährten. Doch konnten sie diesen Dienst nur deshalb erweisen, weil die Partei sich durch ihre Ratschläge und Warnungen nicht beeinflussen ließ und mit ungeschwächter Energie den Aufstand vorwärts und zu Ende führte.

Damit diese breitangelegte Operation siegreich sein konnte, mußten ganz außergewöhnliche Umstände, große und kleine, zusammentreffen. Zunächst mußte eine Armee vorhanden sein, die am Kriege nicht mehr teilnehmen wollte. Die Revolution hätte besonders in ihrer ersten Periode, vom Februar bis Oktober einschließlich, ein völlig anderes Antlitz erhalten, wenn wir bei ihrem Ausbruch nicht eine geschlagene, unzufriedene, millionenstarke Bauernarmee gehabt hätten. Nur unter dieser Voraussetzung konnten wir das Experiment mit der Petrograder Garnison erfolgreich durchführen, ein Experiment, das den Oktobersieg bestimmt hat. Es hätte auch davon nicht die Rede sein können, den „stillen", fast unbemerkten Aufstand irgendwie mit der Verteidigung der sowjetistischen Legalität dem Kornilowputsch gegenüber zu kombinieren. Umgekehrt kann man mit Überzeugung behaupten, daß ein solches Experiment sich in dieser Form niemals und nirgends wiederholen wird. Dennoch ist ein aufmerksames Studium derselben unerläßlich. Es erweitert den Gesichtskreis eines jeden Revolutionärs und zeigt ihm die Fülle der Mittel und Verschiedenheiten der Methoden, welche angewandt werden können und welche, sofern das Ziel klar vor Augen steht, alle Umstände richtig erwogen und eingeschätzt worden sind, bei genügender Entschlußkraft, den Kampf zum Siege führen können.

In Moskau hatte der Kampf einen weit langwierigeren Charakter und erforderte weit größere Opfer. Das erklärt sich daraus, daß die Moskauer Garnison keiner so sorgfältigen revolutionären Vorbereitung unterworfen war wie die Petrograder in Verbindung mit der Frage der Absendung der Truppen an die Front. Wir sagten es schon einmal und müssen es noch einmal wiederholen, daß der bewaffnete Aufstand in Petrograd sich in zwei Etappen vollzogen hat: in der ersten Oktoberhälfte, als die Petrograder Regimenter sich den Befehlen der Sowjets unterordneten, was ihrer eigenen Stimmung entsprach und straflos den Befehlen der obersten Heeresleitung nicht nachkamen und am 25. Oktober, wo es schon nur eines geringen Anstoßes bedurfte, um den Aufstand zu entfesseln, der die Nabelschnur der Februarregierung abgeschnitten hat. In Moskau vollzog sich der Aufstand in einer Etappe, was vielleicht den Hauptgrund für seinen zögernden Charakter ergibt. Aber es gab noch eine andere

Ursache: die Unentschlossenheit der Führung. In Moskau konnten wir beobachten, wie die militärischen Operationen zu Verhandlungen übergeleitet wurden, die aber wieder durch Kämpfe abgelöst wurden. Ein Schwanken der Führung, die den Geführten bemerkbar wird, ist auch in der Politik gefährlich, bei einem bewaffneten Aufstand wirkt jede Unentschlossenheit tödlich. Die herrschende Klasse verliert bereits das Vertrauen zu ihrer Kraft (ohne die keine Siegeshoffnung vorhanden sein kann), der Staatsapparat aber befindet sich noch in seiner Hand. Die revolutionäre Klasse hat die Aufgabe, den Staatsapparat zu erobern, dazu braucht sie Vertrauen in die eigene Kraft. Wenn die Partei die Werktätigen auf den Weg des Aufstandes geführt hat, muß sie auch alle Konsequenzen tragen. „Im Kriege geht es kriegerisch zu". Hier sind Schwankungen und Zeitvergeudungen weniger als anderswo zulässig. Im Kriege wird mit kurzen Ellen gemessen. Auf einem Fleck zu verweilen, wenn auch nur für wenige Stunden, bedeutet, daß dem Feinde ein Teil seines Selbstvertrauens zurückgegeben und den Revolutionären genommen wird. Dadurch wird aber das Kräfteverhältnis berührt, das den Ausgang des Kampfes entscheidet. Unter diesem Gesichtspunkt muß man den Gang der kriegerischen Operationen in Moskau in seiner Beziehung zur politischen Führung betrachten.

Außerordentlich wichtig wäre es noch, einige Punkte festzuhalten, wo der Bürgerkrieg unter besonderen Verhältnissen, z.B. durch nationale Elemente kompliziert, sich abgespielt hat. Ein solches Studium, auf Grund sorgfältiger Bearbeitung des Tatsachenmaterials, müßte unsere Vorstellung von der Mechanik des Bürgerkrieges ungemein bereichern und zugleich die Ausarbeitung bestimmter Methoden und Regeln erleichtern, die genügend allgemeinen Charakter haben, daß sie zu einer Art eines „Reglements" des Bürgerkrieges zusammengestellt werden könnten. Wenn es auch heute noch verfrüht erscheint, diese oder jene Schlußfolgerungen ziehen zu wollen, so kann doch gesagt werden, daß zum Beispiel der Gang des Bürgerkrieges in der Provinz abhängig war und zwar in bedeutendem Maße von der Entwicklung in Petrograd, trotz des verlangsamten Tempos in Moskau. Die Februarrevolution zerbrach den alten Staatsapparat; die provisorische Regierung erbte ihn, war aber unfähig, ihn zu erneuern oder zu befestigen. Der Staatsapparat existierte demzufolge zwischen Februar und Oktober nur auf Grund des bürokratischen Trägheitsgesetzes. Die bürokratische Provinz war gewöhnt, sich nach Petrograd zu richten: das tat sie im Februar, das wiederholte sich im Oktober. Unser großer Vorteil bestand darin, daß wir uns an den Sturz einer Regierung machten, die kaum Zeit gefunden hatte, sich zu bilden. Die außergewöhnliche Unbeständigkeit und der Mangel an Selbstvertrauen innerhalb des Apparates der Februar-Regierung erleichterte unsere Aufgabe und weckte das Selbstvertrauen der revolutionären Massen und der Partei selbst.

In Deutschland und Österreich lagen die Verhältnisse nach dem 9. November 1918 ähnlich. Aber dort half die Sozialdemokratie dem republikanischen Bürgerregime sich zu behaupten, indem sie die Lücken des Staatsapparates ausgefüllt hat, und obwohl dieses Regime beim besten Willen nicht als ein Beispiel der Entschlossenheit hingestellt werden kann, hält diese Regierung sich doch nunmehr sechs Jahre. Was die anderen kapitalistischen Länder anbetrifft, werden diese nicht den Vorzug einer so engen zeitlichen Verbindung zwischen der bürgerlichen und der proletarischen Revolution haben. Ihr „Februar" liegt schon weit zurück. Wohl gibt es in England viel übriggebliebenen feudalen Schutt, von irgendeiner eigenen bürgerlichen Revolution kann man aber nicht reden. Die Säuberung des Landes von der Monarchie, den Lords u.a. wird durch das erste Ausholen des Besens des Proletariats, sobald es die Macht ergriffen haben wird, vollführt. Die proletarische Revolution im Westen wird es mit vollständig ausgebautem bürgerlichem Staatsapparat zu tun haben. Das heißt aber noch nicht mit einem festgefügten Staatsapparat, da doch die Möglichkeit der proletarischen

Revolution selbst einen weit fortgeschrittenen Zerfallprozeß des kapitalistischen Staates voraussetzt. Wenn bei uns die Oktoberrevolution sich im Kampf mit einem Staatsapparat aufrollte, dem es nach dem Februar noch nicht gelang, sich zu konsolidieren, so wird in den anderen Ländern der Aufstand einem Staatsapparat gelten, der sich im Zustande des fortschreitenden Zerfalls befindet.

Als eine allgemeine Regel kann man annehmen – wir haben sie bereits auf dem vierten Kongreß der kommunistischen Internationale dargelegt – daß die Kraft des Voroktoberwiderstandes der Bourgeoisie in den alten kapitalistischen Ländern in der Regel weit stärker sein wird als bei uns, der Sieg des Proletariats viel schwieriger, dagegen wird diesem die Eroberung der Macht sogleich eine festere Lage zusichern, als diejenige, in die wir am Morgen nach dem Oktober kamen. Bei uns entbrannte der Bürgerkrieg tatsächlich erst, nachdem das Proletariat in den wichtigsten städtischen und Industriezentren zur Macht gelangt war und dauerte dann drei Jahre an. Vieles spricht dafür, daß die Eroberung der Macht in Zentral- und Westeuropa mit viel größeren Mühen verknüpft sein wird, dagegen wird das Proletariat nach der Ergreifung der Macht unvergleichlich mehr Bewegungsfreiheit haben. Es versteht sich, daß diese Perspektiven nur einen bedingten Charakter haben können. Sehr viel wird davon abhängen, in welcher Reihenfolge die Revolution in den verschiedenen Ländern Europas sich vollziehen wird, welche Möglichkeiten für eine militärische Intervention bestehen werden, was für eine ökonomische und militärische Kraft die Sowjetunion in diesem Moment besitzen wird u.a. Jedenfalls verpflichtet uns diese unsere grundsätzliche und unseres Erachtens unbestreitbare Erwägung, wonach der Prozeß der Eroberung der Macht in Amerika und Europa auf einen viel größeren, viel mehr durchdachten und hartnäckigeren Widerstand der herrschenden Klasse stoßen wird als bei uns, den bewaffneten Aufstand und überhaupt den Bürgerkrieg in der Tat als eine Kunst zu behandeln.

Noch einmal über die Sowjets und die Partei in der proletarischen Revolution

Die Sowjets der Arbeiterdeputierten entstanden sowohl im Jahre 1905 wie 1917 aus ein und derselben Bewegung, als die natürliche Organisationsform der Bewegung, auf einer bestimmten Kampfstufe derselben. Für die jungen europäischen Parteien aber, welche die Sowjets mehr oder weniger als „Doktrin", als „Prinzip" übernommen haben, besteht immer die Gefahr einer fetischistischen Beziehung zu den Sowjets, indem sie diese als einen selbstwirkenden Faktor der Revolution sehen. Ungeachtet der großen Vorzüge, die die Sowjets bei der Organisierung des Kampfes um die Macht haben, lassen sich doch Fälle denken, wo der Aufstand auf anderer Basis, durch andere Organisationsformen in Fluß gebracht werden kann (Betriebsräte, Gewerkschaften) und erst im weiteren Verlaufe des Aufstandes oder auch erst nach dem Siege desselben die Sowjets entstehen und zwar dann bereits als Organe der Macht.

Es ist im höchsten Maße lehrreich, den Kampf, den Lenin nach den Julitagen gegen den Fetischismus in bezug auf die Organisationsformen der Sowjets eröffnete, von diesem Gesichtspunkte aus zu beobachten. In dem Maße, in dem die sozialrevolutionären und menschewistischen Sowjets im Juli zu Organisationen wurden, welche die Soldaten offen zum Angriffe trieben und die Bolschewisten auszurotten trachteten, in demselben Maße konnte und mußte die revolutionäre Bewegung der arbeitenden Massen für sich neue Wege suchen. Lenin wies den Betriebsräten die Funktion als Organisationen des Kampfes um die Macht zu. Es ist sehr wahrscheinlich, daß die Bewegung gerade diese Richtung eingeschlagen hätte, wenn nicht der Kornilowputsch die opportunistischen Sowjets zur Selbstverteidigung gezwungen und den Bolschewisten die Möglichkeit gegeben, den Sowjets neues revolutionäres Leben einzuhauchen. Durch den linken Flügel, den bolschewistischen, wurden sie eng mit der Masse verknüpft.

Die Frage ist, wie die jüngsten Erfahrungen in Deutschland zeigten, von großer internationaler Bedeutung. Gerade in Deutschland sind die Sowjets mehrere Male als Organe des Aufstandes errichtet worden – ohne Aufstand, als Organe der Macht – ohne Macht. Das hat im Jahre 1923 die breiten proletarischen und halbproletarischen Massen veranlaßt, sich um die Betriebsräte zu gruppieren. Diese erfüllten grundsätzlich alle diejenigen Funktionen, welche bei uns in der Zeit, die dem unmittelbaren Kampf um die Macht voranging, den Sowjets übertragen worden waren. Im August und September wurde von einigen Genossen der Vorschlag gemacht, in Deutschland unverzüglich an die Gründung der Sowjets zu schreiten. Nach langen und heißen Debatten wurde dieser Vorschlag abgelehnt. Das war unbedingt richtig. Da die Betriebsräte tatsächlich zu Knotenpunkten der Zusammenfassung der revolutionären Massen geworden sind, hätten die Sowjets in der Vorbereitungsperiode eine inhaltslose Parallelform dargestellt. Sie hätten bloß die Aufmerksamkeit von den praktischen Aufgaben des Aufstandes (Armee, Polizei, bewaffnete Hundertschaften, Eisenbahnen) abgelenkt, in der Richtung der selbstwirkenden Organisationsform. Andererseits hätte die Gründung der Sowjets als Sowjets bis zum Zeitpunkte des Aufstandes und außerhalb der unmittelbaren Aufgaben des Aufstandes die Bedeutung einer nichtssagenden Verkündigung: „Ich marschiere gegen euch!" Die Regierung, welche die Betriebsräte tolerieren mußte, insofern sie der Sammelpunkt großer Massen wurden, hätte die ersten Sowjets anerkannt, denn sie hätte in ihnen die offiziellen Organe zur Ergreifung der Macht gesehen. Die Kommunisten wären gezwungen gewesen, die Sowjets als reine Organisationsfrage zu verteidigen. Der Entscheidungskampf wäre nicht wegen des Ergreifens und Verteidigens realer Errungenschaften und auch nicht in dem von uns zu wählendem Momente, wenn nämlich der Aufstand wirklich den Bedingungen der Massenbewegung entsprochen hätte, entbrannt – nein, der Kampf wäre um die

Organisationsformen, um die „Banner" des Sowjets gegangen, und zwar zu einer Zeit, die der Gegner gewählt und uns aufgezwungen hätte. Indessen ist es ganz klar, daß die gesamte Vorbereitungsarbeit – zum Aufstande sich erfolgreich den Organisationsformen der Betriebsräte unterordnen konnte, die bereits zu Massenorganisationen herangewachsen waren, welche an Ausdehnung und Macht ständig zunahmen und der Partei in bezug auf den Zeitpunkt des Aufstandes volle Handlungsfreiheit gaben. Es ist klar, daß auf einer bestimmten Entwicklungsstufe Sowjets hätten entstehen müssen. Es ist aber fraglich, ob sie bei den oben dargelegten Bedingungen als unmittelbare Organe des Aufstandes entstanden wären. Jedenfalls bestand die Gefahr, daß sich im Feuer des Gefechts zwei revolutionäre Zentren gebildet hätten. „Man soll nicht," sagt ein englisches Sprichwort, „von Pferd zu Pferd steigen, wenn man durch ein reißendes Wasser reitet." – Es ist möglich, daß die Sowjets allerorts nach dem Siege in den entscheidenden Punkten des Landes entstanden wären. Jedenfalls hätte ein siegreicher Aufstand unbedingt zur Schaffung der Sowjets als Organe der Macht geführt.

Man darf nicht vergessen, daß die Sowjets noch in der „demokratischen" Etappe der russischen Revolution entstanden, daß sie auf dieser Etappe legalisiert worden, daß sie dann an uns übergegangen sind und von uns nutzbar gemacht wurden. Das wird sich in den proletarischen Revolutionen des Westens nicht wiederholen. Dort werden die Sowjets in der Mehrzahl der Fälle auf Betreiben der Kommunisten gebildet werden, folglich als direkte Organe des proletarischen Aufstandes. Freilich, es besteht die Möglichkeit, daß der Zerfall des bürgerlichen Staatsapparates ziemlich weit fortgeschritten sein wird, bevor noch das Proletariat imstande sein wird, die Macht zu ergreifen, und daß sich dann Verhältnisse für die Schaffung von Sowjets als *offensichtliche Organe der Vorbereitung des Aufstandes* ergeben. Das dürfte kaum eine allgemeine Erscheinung sein. Auch sind Fälle wahrscheinlich, in denen die Sowjets erst in den allerletzten Tagen als unmittelbare Organe des Kampfes der sich erhebenden Massen geschaffen werden können. Schließlich sind auch vollends solche Bedingungen denkbar, wo die Sowjets erst nach dem Aufstande, und sogar möglicherweise in seiner abschließenden Phase, als Organe der neuen Macht entstehen werden. Man muß alle diese Variationen vor Augen haben, um nicht in den Organisationsfetischismus zu verfallen und die Sowjets nicht anders als zweckentsprechend zu gestalten, als biegsame, lebendige Kampfform und nicht als Organisationsprinzip, das in die Partei eindringt und ihre natürliche Entwicklung stört.

In der letzten Zeit ist in unserer Presse viel die Rede davon gewesen, daß wir zum Beispiel eigentlich nicht wissen, durch welche Tür in England die proletarische Revolution kommen wird: ob durch die kommunistische Partei oder durch die Gewerkschaften. Eine solche Formulierung der Frage, die dem Anscheine nach einen breiten historischen Horizont voraussetzt, ist grundfalsch und dadurch gefährlich, daß sie die Hauptlehre der letzten Jahre verwischt. Wenn es bei Kriegsende keine siegreiche Revolution gegeben hat, so lag das daran, daß keine Partei vorhanden war. Das kann man von ganz Europa behaupten. Noch konkreter kann man sich darüber bei der Betrachtung des Schicksals der revolutionären Bewegung in den einzelnen Ländern überzeugen. Was Deutschland anbelangt, so ist dort die Lage ganz klar: die deutsche Revolution hätte 1918 und 1919 siegen können, wenn sie über eine entsprechende Parteiführung verfügt hätte. 1917 haben wir dasselbe am Beispiel Finnlands gesehen: dort entwickelte sich die revolutionäre Bewegung unter besonders günstigen Verhältnissen unter direkter militärischer Mitwirkung des revolutionären Rußlands. Aber die finnische Partei, deren führende Mehrheit sozialdemokratisch war, erwies sich als unfähig und brachte die Revolution zum Scheitern. Nicht weniger deutlich ergibt sich diese Lehre auch aus der Erfahrung Ungarns. Dort hatten die Kommunisten zusammen mit dem linken Flügel der Sozialdemokraten nicht etwa die Macht erobert, sondern sie von der eingeschüchterten Bourgeoisie erhalten. Die ungarische Revolution, die ja ohne Kampf gesiegt hatte, war von ihrem ersten Schritte an ohne jede Führung. Die kommunistische Partei ging in der sozialdemokratischen auf und dokumentierte damit, daß sie selbst keine kommunistische Partei war, infolgedessen auch nicht fähig, trotz des Kampfgeistes der ungarischen Proletarier, die ihr so leicht zugefallene Macht zu behaupten. Ohne die Partei, unter Umgehung der Partei, durch ein Surrogat der Partei kann die proletarische Revolution nie siegen. Das ist die Hauptlehre des letzten Jahrzehntes. Richtig ist es, daß die englischen Gewerkschaften zu einem mächtigen Herd der proletarischen Revolution werden und zum Beispiel unter bestimmten Verhältnissen und für einen bestimmten Zeitabschnitt sogar die Arbeiterräte ersetzen können. Sie können aber eine solche Rolle nicht ohne die Kommunistische Partei und erst recht nicht gegen sie spielen, sondern nur unter der Voraussetzung, daß der kommunistische Einfluß in den Gewerkschaften entscheidend wird. Die Erkenntnis, welche Rolle die Partei für die proletarische Revolution hat, haben wir zu teuer erkaufen müssen, um sie leicht aufzugeben oder ihre Bedeutung auch nur abzuschwächen.

Die Zielbewußtheit und die Planmäßigkeit hatten in den bürgerlichen Revolutionen eine unvergleichlich kleinere Rolle gespielt, als sie jetzt in den proletarischen Revolutionen zu spielen berufen sind und bereits gespielt haben. Die treibende Kraft war auch dort die Masse, die aber bedeutend weniger organisiert und weniger bewußt war, als heutzutage. Die Führung lag in den Händen verschiedener Fraktionen der Bourgeoisie, die über Reichtum und Bildung verfügte und über die aus diesen Vorteilen sich ergebende Organisiertheit (Städte, Universitäten, Presse). Die bürokratische Monarchie verteidigte sich empirisch, sie ging tastend vor. Die Bourgeoisie verstand, den Augenblick zu benützen, wo sie die Bewegung der unteren Schichten sich dienstbar machen konnte, um ihr soziales Gewicht auf die Waagschale zu werfen und die Macht zu erobern. Die proletarische Revolution unterscheidet sich gerade dadurch, daß in ihr das Proletariat nicht nur die treibende, sondern durch ihre Vorhut auch die führende Kraft ist. Die Rolle, die in den bürgerlichen Revolutionen die ökonomische Macht der Bourgeoisie, ihre Bildung, ihre städtischen Verwaltungen und Universitäten gespielt haben, kann in der proletarischen Revolution nur die Partei des Proletariates innehaben. Die Bedeutung dieser Rolle ist um so größer, als doch auch das Bewußtsein des Gegners unermeßlich gestiegen ist. Die Bourgeoisie hat im Laufe der Jahrhunderte, während der sie die Vorherrschaft hatte, eine politische Schulung durchgemacht, die unvergleichlich höher zu werten ist, als die Schule der alten bürokratischen Monarchie. War der Parlamentarismus für das Proletariat eine Vorbereitung für die Revolution, so war er bis zu einem gewissen Grade für das Bürgertum in noch größerem Maße eine Schule der gegenrevolutionären Strategie. Es genügt darauf hinzuweisen, daß die Bourgeoisie durch den Parlamentarismus die Sozialdemokratie großgezogen hat, die heute die Hauptstütze des Privateigentums ist. Die Epoche der sozialen Revolution in Europa wird, wie die ersten Schritte gezeigt haben, eine Zeit angestrengter, rücksichtsloser, aber durchdachter und reiflich erwogener Kämpfe sein – in weit höherem Grade durchdachter als bei uns im Jahre 1917.

Gerade deshalb ist es notwendig, an die Probleme des Bürgerkrieges und insbesondere des bewaffneten Aufstandes ganz anders heranzutreten, als es bisher der Fall war. Mit Lenin wiederholen wir oft die Worte Marx', daß der Aufstand eine Kunst ist. Dieser Gedanke aber wird zur leeren Phrase, wenn der Formulierung Marx' nicht gleichzeitig durch das Studium der Grundelemente der Kunst des Bürgerkrieges auf Grund der gigantischen Erfahrungen, die wir in den letzten Jahren gesammelt haben, Inhalt gegeben wird. Es muß betont werden, daß in einem oberflächlichen Verhalten zum bewaffneten Aufstande sich die noch nicht überwundene Kraft der sozialdemokratischen Tradition äußert. Die Partei, die die Fragen des Bürgerkrieges leichtfertig behandelt, in der Annahme, daß im entscheidenden Moment die Ereignisse sich wie von selbst ordnen und gestalten, wird bestimmt eine Niederlage erleben. Wir müssen gemeinschaftlich die Erfahrungen der proletarischen Kämpfe, von 1917 an, durcharbeiten.

Die oben angedeutete Geschichte der Parteigruppierungen im Jahre 1917 stellt auch einen sehr wichtigen Teil der Erfahrung des Bürgerkrieges dar und hat, wie wir annehmen, eine unmittelbare Bedeutung für die Politik der kommunistischen Internationale als Ganzes. Wir haben es oben schon erwähnt und wiederholen es noch einmal, daß das Studium der Erforschung der Meinungsverschiedenheiten in keinem Falle etwa so betrachtet werden kann und soll, als ob es gegen die Genossen gerichtet wäre, die eine falsche Politik vertreten haben. Aber andererseits wäre es unzulässig, wollte man aus der Geschichte der Partei das größte Kapitel streichen, nur weil nicht alle Mitglieder der Partei mit der proletarischen Revolution Schritt gehalten haben. Die Partei muß und darf ihre ganze Vergangenheit kennen, um sie richtig einschätzen zu können und allem Geschehen eine entsprechende Stelle einzuräumen. Die Tradition einer revolutionären Partei bildet sich nicht durch das Verschweigen, sondern gerade umgekehrt, durch kritische Klarheit.

Die Geschichte hat unserer Partei ganz außergewöhnliche revolutionäre Vorteile gesichert. Die Tradition des heroischen Kampfes gegen den Zarismus, die Gepflogenheiten der revolutionären Selbstverleugnung, die eng mit der illegalen Tätigkeit verknüpft ist – eine theoretische Verarbeitung der revolutionären Erfahrungen der ganzen Menschheit – der Kampf mit dem Menschewismus – der Kampf mit den "Narodniki" – der Kampf mit den opportunistischen Tendenzen – die ungeheuren Erfahrungen der Revolution vom

Jahre 1905 – die theoretische Durcharbeitung dieser Erfahrungen in den Jahren der Gegenrevolution – das Herantreten an die Probleme der internationalen Arbeiterfragen vom Standpunkt der revolutionären Lehren vom Jahre 1905 – das war dasjenige, was in seiner Gesamtheit unserer Partei eine außergewöhnliche Festigkeit verlieh, den größten theoretischen Scharfsinn und einen beispiellosen revolutionären Schwung. Und trotzdem hat sich auch in dieser Partei an ihrer Spitze, unmittelbar vor der entscheidenden Aktion eine Gruppe erfahrener Revolutionäre, alter Bolschewisten abgesondert, die sich in schärfster Opposition zum proletarischen Aufstand stellte und die in der allerkritischsten Periode vom Februar 1917 ungefähr bis Februar 1918 in allen wichtigen Fragen einen im Grunde genommen sozialdemokratischen Standpunkt einnahm. Um die Partei und die Revolution vor der größten Verwirrung zu retten, die sich aus diesen Umständen ergaben, bedurfte es des schon damals beispiellosen Einflusses Lenins in der Partei. Dies dürfen wir keinesfalls vergessen, wenn wir wollen, daß die kommunistischen Parteien der anderen Länder etwas von uns lernen. Das Problem der Auswahl der leitenden Kräfte in der Partei hat für die westeuropäischen Staaten eine besonders große Bedeutung. Geradezu zum Himmel schreit die diesbezügliche Erfahrung des verpaßten deutschen Oktober 1923. Aber diese Auswahl muß vom Gesichtspunkte der revolutionären Tat aus vor sich gehen. In Deutschland gab es in den letzten Jahren genügend Fälle der Prüfung der führenden Mitglieder der Partei im Augenblicke des unmittelbaren Kampfes. Ohne dieses Kriterium ist alles andere unzuverlässig. Frankreich war in diesen Jahren wesentlich ärmer an revolutionären Erschütterungen, sei es auch nur an partiellen. Trotzdem hat es nicht an einigen Ausbrüchen des Bürgerkrieges gefehlt, bei welchen das Zentralkomitee der Partei und die Führer der gewerkschaftlichen Organisation auf unaufschiebbare und brennende Fragen tatkräftig reagieren mußten. (Zum Beispiel die blutige Versammlung vom 11. Januar

1924.) Das aufmerksame Studium solcher kritischen Episoden ergibt unschätzbares Material für die Beurteilung der Parteiführung, der Stellung der einzelnen Organe der Partei und der einzelnen aktiven Parteimitglieder. Solche Lehren zu ignorieren, sie nicht bei der Auswahl der Führer zu verwenden, hieße unvermeidlichen Niederlagen entgegengehen. Ohne entschlossene, tapfere Parteiführung ist der Sieg der proletarischen Revolution nicht denkbar.

Jede Partei, auch die revolutionärste, entwickelt unvermeidlich einen organisatorischen Konservatismus, sonst könnte sie nicht die notwendige Standfestigkeit aufweisen, die sie unbedingt braucht. Bei einer revolutionären Partei muß die notwendige Dosis des Konservatismus vereinigt sein mit einer vollständigen Freiheit von der Routine, mit einer Freiheit der Orientierung und mit einem tatkräftigen Schwung. Am schärfsten kann man diese Eigenschaften an den Wendepunkten der historischen Entwicklung kontrollieren. Schon früher haben wir das Wort Lenins erwähnt, das mitunter sogar die revolutionärsten Parteien in einer schroffen Veränderung der Verhältnisse und der daraus entstehenden Probleme fortfahren, auf dem alten Wege weiterzugehen und dadurch zur Bremse der revolutionären Entwicklung werden oder zu werden drohen. Sowohl der Konservatismus einer Partei wie ihre revolutionäre Initiative finden ihren konzentriertesten Ausdruck in den Organen der Parteileitung. Den europäischen kommunistischen Parteien steht aber die schroffste „Umstellung" noch bevor: der Übergang von der vorbereitenden Arbeit zur Eroberung der Macht. Diese Wendung ist die schwerste, die dringendste, die verantwortungsvollste, die ernsteste. Diesen Moment zu versäumen, wäre die größte Niederlage, die der Partei je zustoßen könnte.

Die Erfahrung der europäischen, und vor allem der deutschen Kämpfe der letzten Jahre, im Lichte unserer eigenen Erfahrung gesehen, sagt uns, daß es zwei Führertypen gibt, die die Neigung haben, die Partei aufzuhalten und zwar in dem Moment, in dem sie den bedeutendsten Schritt vorwärts machen soll. Die einen sind geneigt, auf dem Wege der Revolution vor allem Schwierigkeiten und Hindernisse zu sehen, und betrachten jedes Moment mit der, wenn auch nicht immer bewußten Absicht, der Tat auszuweichen. Der Marxismus dient ihnen nur dazu, die Unmöglichkeit der revolutionären Tat zu begründen. In den russischen Menschewisten sehen wir diesen Typus in Reinkultur. Aber an und für sich ist dieser Typus nicht nur im Menschewismus vertreten, sondern er kommt in dem allerkritischsten Momente, auf verantwortungsvoller Stelle auch in den am meisten revolutionären Parteien zum Vorschein. Die Vertreter des anderen Typus zeichnen sich durch ihren oberflächlich-agitatorischen Charakter aus. Diese sehen nirgends Hindernisse, solange sie nicht mit dem Kopf an die Wand stoßen. Sie setzen sich über alle Schwierigkeiten hinweg und haben eine große Geschicklichkeit, reale Hindernisse mit Hilfe gewandter Redewendungen zu umgehen. Sie bekunden in allen Fragen den größten Optimismus, der unvermeidlich in sein Gegenteil umschlägt, sobald die Stunde der entscheidenden Tat geschlagen hat. Für den ersten Typus, den kleingläubigen Revolutionär, bestehen die Schwierigkeiten der Machtergreifung nur in der Anhäufung und Vergrößerung derjenigen Schwierigkeiten, die er gewöhnt ist, sich vor seine Augen zu führen. Für den zweiten Typus, den oberflächlichen Optimisten, entstehen die Schwierigkeiten immer ganz unerwartet. In der Vorbereitungszeit ist das Verhalten der beiden verschieden, der eine ist skeptisch und man kann sich auf ihn im revolutionären Sinne nicht sehr verlassen, dafür kann der andere als der unbändige Revolutionär erscheinen. In dem entscheidenden Moment gehen beide Hand in Hand und bäumen sich gegen den Aufstand. Und doch hat die ganze vorbereitende Arbeit insofern einen Wert, als sie die Partei und in erster Linie ihre führenden Organe in die Lage versetzt, den Augenblick des Aufstandes zu bestimmen und den Aufstand zu leiten. Denn die Aufgabe der kommunistischen Partei ist die Eroberung der Macht, mit dem Ziele, die Gesellschaft umzugestalten.

In letzter Zeit ist oft davon gesprochen und geschrieben worden, daß es notwendig sei, die kommunistische Internationale zu „bolschewisieren". Das ist fraglos eine sehr wichtige Aufgabe, die besonders nach den grausamen Erfahrungen in Deutschland und Bulgarien unaufschiebbar geworden ist. Der Bolschewismus ist keine Doktrin (vielmehr: nicht nur Doktrin), sondern ein System revolutionärer Erziehung zum proletarischen Umsturz. Was heißt es, die Bolschewisierung der kommunistischen Parteien? Das heißt: eine derartige Erziehung und eine solche Auswahl der Führer, daß sie nicht im Augenblick ihrer Oktoberrevolution versagen. „*Das ist Hegel und Bücherweisheit und der Sinn aller Philosophie!*"